LE PÉRÉGRINATEUR
éditeur

5, rue Pharaon - F - 31000 Toulouse
Tél : 05 61 14 05 72 - Télécopie : 05 61 32 98 81
peregrinateurediteur@wanadoo.fr - www. leperegrinateurediteur.com

Plan de Nicolas Berey, enlumineur du Roy, 1663.

Ce plan dit « oblong », copie de celui dressé par Melchior Tavernier en 1631, nous donne le portrait d'une ville au caractère encore médiéval, blottie dans ses remparts et fourmillante de vie. On remarque la représentation du Pont couvert détruit en 1639. MPD.

« La ville elle-même s'anime de toute une comédie humaine en miniature : ecclésiastiques, charrois de foin, hommes à cheval, duels ; admirons ce jardinier consciencieux qui plante un arbre, la bêche et l'arrosoir près de lui, à Saint-Cyprien. »

Toulouse d'après les plans anciens.

Enluminure du Livre des Annales *de Toulouse* (1411 - 1412). AMT.

Blason de Toulouse.
Annales *de Toulouse* (1412-1413). AMT.

Histoire *de* Toulouse *illustrée*

« Si je te dis que la ville à laquelle tend mon voyage
est discontinue dans l'espace et le temps,
plus ou moins marquée ici et là,
tu ne dois pas en conclure qu'on doive
cesser de la chercher. »

Italo Calvino,
Les villes invisibles.

Reprenant pour partie le écrits de Posidonios, Strabor géographe grec du Ier siècle, not dans sa Géographie *(IV, 12-14 l'intérêt de la position de* Tolosa

« Toulouse est bâtie sur la sectior la plus étroite, évaluée pa Posidonios à moins de 3 000 stade [540 km], de l'isthme qui sépar l'Océan de la mer baignan Narbonne [...] quand on part d Narbonne, on remonte d'aborc l'Atax [l'Aude] sur une faibl distance, puis on effectu la plus grande partie du trajet soit environ 700 à 800 stade [126 à 144 km] par terre jusqu'à la Garonne, laquelle, comm la Loire, descend à l'Océan.

Toulouse est née dans un cadr géographique privilégié La Garonne y dessine un coud avant de se diriger ver l'Atlantique. Rive droite, à l'abr des crues, des hauteurs sont propice à l'implantation des hommes Les confluents de l'Ariège e de l'Hers sont tout proche De la future cité, rayonnent a larges voies naturelles qui l déterminent à jouer un rôle d carrefour : la vallée de la moyenn Garonne vers l'Atlantique la vallée de l'Hers vers l Méditerranée ; celles de l'Ariège et de la Garonne supérieure ver les cols des Pyrénées. Le sit de Toulouse se trouve auss à la lisière de deux climat L'un plus humide et plus frai du côté de la Gascogne l'autre plus sec et plus chau du côté du Lauragais, d'où souffl le fameux vent d'autar

Image prise par le satellite Spot 5 le 1er janvier 2005, à un altitude de 830 km La résolution est de 2 m 5 et les couleurs sont naturelles

Les alluvions quaternaires sur lesquelles Toulouse est en grande partie construite ont fourni, entre autres, une molaire de mammouth, une mandibule de rhinocéros et une carapace de tortue.

Molaire de mammuthus primigenius *(mammouth) découverte à Toulouse, route de Castres, un peu au-dessus de la barrière de l'Octroi. Don de MM. Auriol et Goudart.* MHNT.

Hémimandibule droite de mesaceratherium paulhiacense *(rhinocéros) découverte lors des travaux de la ligne B du métro, puits de Borderouge, niveau intermédiaire (-21,79 m).* MHNT.

*Carapace d'*ergilemys bruneti *(tortue) découverte lors des travaux de la ligne B du métro toulousain, puits de Borderouge, niveau inférieur (-24,90 m).* MHNT.

LES PREMIERS HOMMES

Il y a près d'un million d'années, au paléolithique inférieur, les premiers hommes parcourent déjà la vallée de la Garonne. À défaut de silex, ils utilisent les quartzites pyrénéens pour façonner des outils grossiers, ainsi qu'en témoigne le site acheuléen d'En Jacca, sur la commune de Colomiers.

Il faut attendre le néolithique moyen pour que des « villages » voient le jour autour de Toulouse, comme à Saint-Michel-du-Touch et à Villeneuve-Tolosane. Sur ce dernier site a été découvert un groupement d'habitations de douze hectares protégé par une palissade et par un fossé. Devenus sédentaires, les hommes pêchent, élèvent du bétail. Ils travaillent la terre et disposent déjà de haches et de meules.

Au premier âge du fer apparaissent de nouveaux établissements humains. Ils s'échelonnent le long de la rive droite de la Garonne. On en trouve la trace sur le site de l'ancien hôpital Larrey, à Saint-Roch, qui possède une nécropole où se pratique l'incinération, et, plus au sud, sur l'éperon du Cluzel. Comme l'attestent les éléments céramiques trouvés au Cluzel, les occupants ont déjà lié des contacts avec le monde méditerranéen. Phénomène qui se développe au deuxième âge du fer.

Les suppositions flatteuses des érudits de la Renaissance attribuaient la fondation de la ville à l'arrière-petit-fils de Noé ou au Troyen Tholus. En fait, il n'en est rien. Au IIIe siècle av. J.-C., les Volques Tectosages, venus probablement de Germanie, sont séduits par le pays de Toulouse. Ce peuple aventureux, « porteur de saie » (sorte de manteau court),

Hache polie d'apparat du néolithique, probablement issue du domaine alpin. MHNT.

choisit de s'établir sur la rive droite de la Garonne, un peu en amont de la ville d'aujourd'hui, sur les hauteurs que prolonge la basse terrasse de Saint-Roch. Un gué permet de franchir le fleuve au pied de Vieille-Toulouse, site le plus connu, à six kilomètres au sud de Toulouse. L'endroit constitue un port idéal. Les terres agricoles des vallées de la Garonne et du Lauragais sont à proximité, sans oublier l'or, obtenu par l'orpaillage des sables de l'Ariège, du Salat ou du Tarn.

Site de Villeneuve-Tolosane. Sépulture chasséenne d'une femme inhumée dans le fossé d'une enceinte de plusieurs hectares datant du néolithique. IVe millénaire av. J.-C.

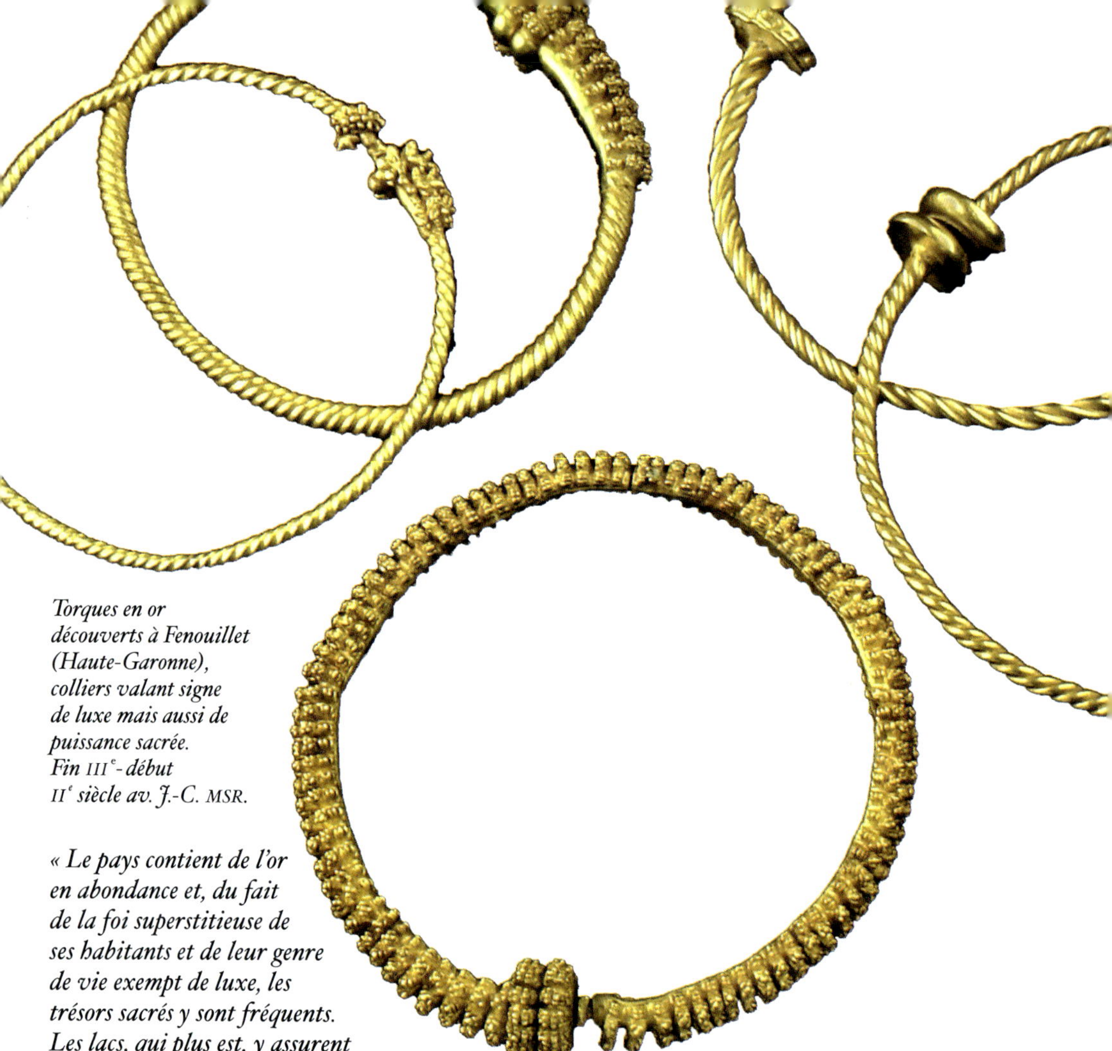

Torques en or découverts à Fenouillet (Haute-Garonne), colliers valant signe de luxe mais aussi de puissance sacrée. Fin IIIe*-début* IIe *siècle av. J.-C.* MSR.

« Le pays contient de l'or en abondance et, du fait de la foi superstitieuse de ses habitants et de leur genre de vie exempt de luxe, les trésors sacrés y sont fréquents. Les lacs, qui plus est, y assurent la meilleure protection contre les sacrilèges, c'est pourquoi on y immergeait des barres d'argent, ou même d'or. Devenus maîtres de ces lieux, les Romains vendirent les lacs au profit du trésor public, et plusieurs de leurs acquéreurs y trouvèrent des meules d'argent façonnés au marteau. Dans Toulouse même, le sanctuaire était sacré et les habitants des alentours l'avaient en grande vénération. Aussi les richesses y abondaient-elles : les consécrations d'offrandes y étaient nombreuses et personne n'aurait osé y toucher. »

Strabon, Géographie (IV, 1, 13.)

La Campanie en amphores

Vieille-Toulouse a pu constituer un centre politique de choix pour les Tectosages, en concurrence avec le Cluzel, Pech David ou Pechbusque. En 18 av. J.-C., le géographe grec Strabon (*Géographie,* IV) rapporte l'admiration du voyageur Posidonios, historien et philosophe stoïcien, pour la fécondité de ce peuple. Posidonios vantait aussi sa piété et sa richesse, dont témoignent les magnifiques torques, à valeur sacrée, retrouvés autour de Toulouse et exposés aujourd'hui au musée Saint-Raymond. Selon Strabon, une partie de ces objets précieux était plongée « dans des enclos et dans des étangs sacrés », allusion au lac situé sans doute sur l'oppidum de Vieille-Toulouse.

La légende raconte même que cet or provenait du pillage du trésor de Delphes.

Dès le début du IIe siècle avant notre ère, les Tectosages tirent avantage de la situation privilégiée de Toulouse pour entretenir des liens commerciaux étroits avec l'Espagne et surtout avec l'Italie romaine. Grâce aux gués et aux embarcadères qui jalonnent la Garonne, ils importent des vins de Campanie, appréciés de l'élite gauloise. En guise de fret de retour vers l'Italie : des esclaves, des métaux et du blé du Lauragais.

Le nombre considérable d'amphores à vin retrouvées sur les sites de Saint-Roch et Vieille-Toulouse prouve la vitalité de ces échanges dès l'époque préromaine.

Le pillage de Delphes par les Volques en 279 av. J.-C. Il n'y a aucun rapport entre les Volques de Toulouse et les pilleurs du trésor de Delphes, établis en Asie Mineure sous le nom de Galates.

Dessin de Raymond Lafage (1656-1684). MPD.

C'est encore des fouilles de Vieille-Toulouse qu'ont « surgi » les mystérieux puits du Toulousain, qui pouvaient atteindre jusqu'à dix-sept mètres de profondeur. Puits funéraires ou puits à eau faisant l'objet d'un culte ? Ils gardent encore leur secret.

Après la fondation de la colonie de Narbonne en 118 av. J.-C., les Romains veulent contrôler la vallée de la Garonne, tombée un temps sous l'hégémonie des Arvernes. Toulouse doit accepter la présence d'une garnison romaine ; en alliée du peuple romain, elle conserve son indépendance. Mais, après s'être rangée du côté des Cimbres et des Teutons venus envahir la Gaule du sud, elle se révolte en 106 av. J.-C. Envoyé par Rome, le consul Cépion (Quintus Servilius Caepio) reprend la ville sans rencontrer de résistance. *Tolosa* devient alors une cité à la solde de Rome jusqu'à ce qu'un demi-siècle plus tard, César lui accorde le droit romain en récompense de son appui lors de la guerre des Gaules.

Roma *tenant une Victoire. Bague en or, intaille en nicolo, découverte à Toulouse, quartier de Croix-Daurade. IIe siècle ap. J.-C.* MSR.

Cépion ravissant l'or de Toulouse. Sébastien Le Clerc (1637-1714), d'après le dessin de J.-P. Rivalz (1625-1706). MPD.

La cité fait bientôt les frais de la cupidité de Cépion. Ce consul indélicat subtilise, dit-on, l'« or de Toulouse », en fait 70 tonnes d'or et d'argent, qu'il est chargé de convoyer à Rome. La destitution et l'exil du voleur, vaincu après son forfait par les Cimbres et les Teutons à Orange, ont engendré de nombreuses légendes sur l'or de Delphes, or maudit car dérobé à Apollon. L'expression « es un Cépiou » est longtemps restée d'usage dans la région toulousaine pour désigner un homme peu honnête...

Au cours du Ier siècle av. J.-C., pendant la conquête des trois Gaules, la population de Vieille-Toulouse se grossit d'affranchis et d'esclaves de Campanie. Les importations de vins italiens dans le Toulousain sont mentionnées par Cicéron. Un plaidoyer, le *Pro Fonteio*, fait état d'une taxe de circulation de « quatre deniers par amphore de vin ». Dans *la Guerre des Gaules*, César fait allusion à ces « campagnes ouvertes et très riches en blé ». Vieille-Toulouse et ses voisines, pivots prospères de la grande route du vin Narbonne-Toulouse Bordeaux, vivent déjà dans une sphère d'influence romaine.

Amphores à vin découvertes à Vieille-Toulouse. Fin du IIe - fin du Ier siècle av. J.-C. MSR.

TOULOUSE, VILLE ROMAINE
Ier-IIIe siècle

Créée sous l'impulsion de l'empereur Auguste (27 av. J.-C. - 14 apr. J.-C.), une ville à la romaine voit le jour dans la plaine, le long du fleuve, jusqu'au gué du Bazacle.

Elle est située sur la rive droite de la Garonne, au nord des sites tectosages. Cette nouvelle et vaste cité de 90 hectares attire les habitants de Vieille-Toulouse qui délaissent peu à peu leurs hauteurs. Elle est cernée à l'ouest par la Garonne et ceinte d'un prestigieux rempart au parement de moellons et de briques, symbole de la grandeur de l'Empire. Les proportions de l'ouvrage impressionnent : une longueur de trois kilomètres, une hauteur totale proche de douze mètres, des murs de plus de deux mètres d'épaisseur. D'imposantes tours jalonnent cette enceinte tous les quarante mètres.

En 1971, l'aménagement du parking du Capitole a permis de découvrir la « Porterie », qui ouvrait la voie vers l'Aquitaine. Cette construction circulaire, flanquée de deux tours de guet, a été, hélas, détruite mais on peut voir sa maquette au musée Saint-Raymond.

Fin IIIe - début IVe siècle, devant l'insécurité des temps, on « boucle » le rempart en lui adjoignant un tronçon qui longe la Garonne. On en a découvert un élément important au niveau de l'Institut Catholique, rue de la Fonderie.

Les principaux axes de circulation sont tracés. Le *cardo* (rue Pharaon-rue des Filatiers-rue des Changes-rue Saint-Rome) et le *decumanus* (de la Daurade à la porte Saint-Étienne) se croisent à angle droit au forum, place Esquirol.

Comme toute ville gallo-romaine, *Tolosa* dispose d'un théâtre, dont les gradins s'adossent à l'actuelle place du Pont-Neuf. Ce monument de briques paré de marbre, datant de la première moitié du Ier siècle, pouvait contenir près de 6 000 personnes. La cité possède aussi son temple, place Esquirol. Il s'agissait soit d'un lieu de culte dynastique soit d'un « capitole » consacré à Jupiter, Junon et Minerve.

Buste d'Auguste couronné de chêne, réplique d'un prototype qui a fixé, à Rome, l'une des images officielles du fondateur de l'Empire portant la couronne civique. Chiragan. Fin Ier siècle av. J.-C. ou début Ier siècle ap. J.-C. MSR.

Le rempart romain est la première grande architecture de brique érigée à Toulouse. Tronçon conservé place Saint-Jacques.

La ville acquiert ses lettres de noblesse avec Domitien (81-96). L'empereur, épris de culture grecque, lui donne le titre de « colonie romaine » sous l'égide de sa divinité préférée Pallas-Athéna, déesse de la culture intellectuelle. Le poète Martial, dans une épigramme de 94, reprend ce qualificatif et parle joliment de « *Tolosa palladia* », « Toulouse la palladienne ». Cette ville des arts et des armes est aussi, selon le géographe romain Pomponius Mela, « une des villes les plus riches de la Narbonnaise ».

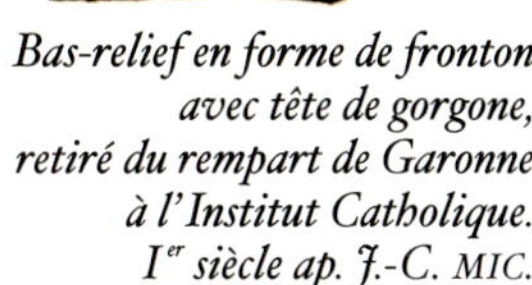

Bas-relief en forme de fronton avec tête de gorgone, retiré du rempart de Garonne à l'Institut Catholique. Ier siècle ap. J.-C. MIC.

Forte d'une population d'environ 15 000 habitants, la cité est administrée par une aristocratie en toge, composée de familles aux noms romanisés dont les membres bénéficient de la citoyenneté romaine. Certains connaissent d'insignes carrières. Parmi les Toulousains célèbres, Marcus-Antonius Primus (« Becco » en gaulois) accéda au consulat. Trebellius Rufus, notable de l'époque de Domitien, eut quant à lui une statue érigée à Athènes en tant qu'archonte.

Le rayonnement intellectuel de la ville est grand. L'école de Toulouse jouit d'une belle réputation dans le monde méditerranéen, en rhétorique et en grec. Les *grammatici* « maîtres ès lettres » et les *rhetores*, « professeurs d'éloquence », parmi lesquels Lucus Statius Ursulus, apprécié de l'historien Suétone, dispensent leur savoir à l'élite. De nombreux habitants, italiens ou autochtones, bénéficient pour leur part des leçons du *magister ludi*, ancêtre du maître d'école.

Tête de gorgone, découverte place du Capitole. Ier siècle ap. J.-C. MSR.

Du vin de Gaillac en Italie

La vie quotidienne ne manque pas d'un certain confort. Un étonnant réseau d'égouts évacue les eaux pluviales ou usées. Un aqueduc de huit kilomètres de long transporte les eaux des sources de Lardenne et du Mirail, sur la rive gauche de la Garonne, jusqu'au château d'eau situé sur l'actuelle place Rouaix. La rue des Arcs-Saint-Cyprien tire son nom des vestiges de cet aqueduc auquel s'ajoutait peut-être un second ouvrage souterrain, venant de Guilheméry.

Les Toulousains aisés sont fournis en eau courante dans leurs belles demeures privées, les *domus*, grâce à un réseau de tuyaux en plomb. Les moins riches profitent des fontaines publiques et des puits. On se rencontre aux thermes — sans doute en place dès le Ier siècle — pour discuter. Le marbre orne souvent les édifices publics où les influences grecques se font sentir dans le style des chapiteaux.

Scène érotique. Lampe à huile découverte à Toulouse, rue de Metz. Début du Ier siècle. MSR.

Thétis et Triton. Mosaïque de la villa de Saint-Rustice (25 km au nord-ouest de Toulouse). IVe-Ve siècle. MSR.

Arcades de l'aqueduc romain. Détail d'une vue cavalière de Toulouse par Nicolas Berey (1663). MPD.

Les *domus* épousent quant à elles le riche style « pompéien » (mosaïque de Saint-Rustice), avec ses placages de marbre et ses peintures. Elles sont parfois flanquées de *tabernae*, ces échoppes où sont vendus les produits des campagnes en provenance des *villae* des aristocrates. À la fin du Ier siècle, triomphe la construction « à la romaine ». Cette technique utilise du mortier de chaux et des parements de pierres ou de briques, matériau dominant dans une région où il faut faire venir par bateau le calcaire du Comminges et le marbre des Pyrénées. Des citoyens romains ou des affranchis dirigent alors les quelque trente-trois briqueteries de la cité. On a ainsi retrouvé des fragments de briques portant l'estampille de leur briquetier. Certains ateliers alimentèrent les chantiers du premier rempart.

Grâce à sa situation géographique, *Tolosa* se trouve au centre d'échanges commerciaux intenses. Fer de la Montagne Noire, poterie sigillée gallo-romaine des régions de Millau et de Gaillac, réservée à une classe aisée, blé du Lauragais font l'objet de transactions à grande échelle. Le vin de Gaillac s'exporte vers la péninsule et peut-être un certain « fromage de Toulouse », cité par le poète latin Martial, fait-il les délices des papilles romaines...

La villa de Chiragan, située à Martres-Tolosane (60 km au sud-ouest de Toulouse), au bord de la Garonne, aurait appartenu à une puisante famille, sénateurs et chevaliers exerçant d'importantes fonctions civiles, militaires et sacerdotales.

Le Bacchus adolescent de Chiragan s'inscrit dans la veine des œuvres de Praxitèle. Sa joue gauche s'appuie sur une jeune pousse de vigne. Chiragan. IIe ou IIIe siècle. MSR.

Masques de théâtre découverts à Chiragan. Certains évoquent la satire et la comédie. MSR.

Le territoire de *Tolosa* est immense et s'étend des Pyrénées aux Cévennes. Un réseau de routes apparaît déjà. Pour aller de Narbonne à Toulouse, on emprunte la voie d'Aquitaine, qui prolonge la via Domitia reliant les Alpes aux Pyrénées. Cette large route de graviers encadrée de murets, au trafic intense, n'a rien de comparable avec les modestes chemins, à peine carrossables, qui mènent à *Lugdunum Convenarum* (Saint-Bertrand-de-Comminges), *Divona* (Cahors), *Albiga* (Albi) ou *Aginum* (Agen).

La Garonne joue aussi un rôle primordial. Des barges à fond plat y naviguent, transportant marbre, calcaire, mais aussi tuiles et briques en provenance de Muret ou de Couladère.

Un ensemble d'installations sur pilotis s'échelonne le long du fleuve, depuis l'île de Tounis jusqu'aux ports de la Daurade et du Bazacle (*vadaculum* signifie « gué » en latin). En aval, sur la Garonne et le Tarn, où la navigation est plus facile, circulent déjà les ancêtres des gabarres.

Non loin de la cité, sur un plateau situé à l'abri des crues, Ancely-Purpan est connu pour son amphithéâtre, construit en brique au milieu du Ier siècle de notre ère. Près de 7 000 spectateurs, venus de toute la cité, voire de la province entière, fréquentent ce grand amphithéâtre qui rivalise par la taille avec ceux de Nîmes et d'Arles. L'accès aux gradins se fait par les *vomitoria*. De part et d'autre des entrées nord et sud, des *carceres* en briques font office de cages pour les bêtes sauvages, tandis que les gladiateurs s'affrontent dans une grande arène en forme d'amande. Dans cette vaste zone de 55 hectares se dressent aussi de grands thermes publics et un temple rectangulaire voué au culte impérial. On y a relevé des traces d'habitat, de puits, et peut-être celles d'un port sur la rive droite du Touch.

Combat de gladiateurs dont les noms sont gravés : ARDIVS *(en haut),* LIITCI *(en bas). Lampe à huile découverte à Toulouse (*domus *de l'hôtel d'Assézat). Ier siècle.* MSR.

Vue aérienne des « arènes » de Toulouse-Purpan. Situé à 8 km du centre de Tolosa*, à proximité de la voie reliant la cité à Auch, cet amphithéâtre, inclus dans une zone d'occupation des sols assez dense, est très fréquenté par les amateurs de combats.*

LE TEMPS DES BOULEVERSEMENTS
IIIe-VIe siècle

La plus ancienne épitaphe paléochrétienne de Toulouse (IVe siècle), exhumée de la nécropole Saint-Sauveur, rappelle l'inhumation de Filicissima, qui vécut 45 ans au service de Dieu. MSR.

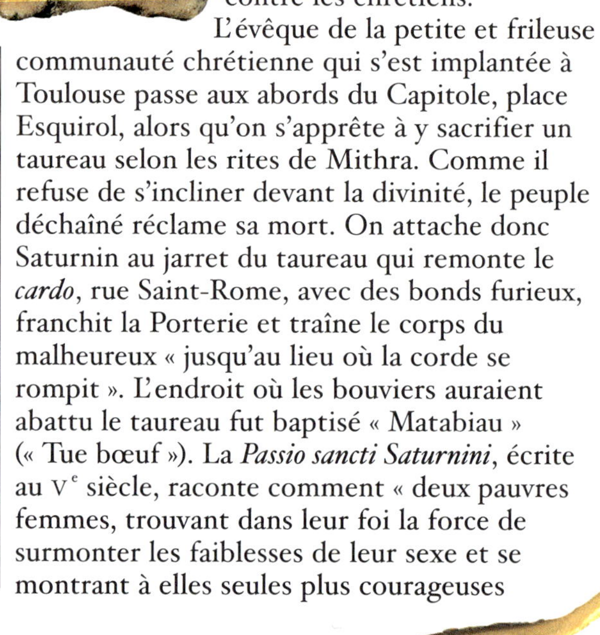

En 250, l'histoire de Toulouse est marquée par le martyre de Saturnin, le futur saint Sernin. L'empereur Dèce ordonne des persécutions exemplaires contre les chrétiens. L'évêque de la petite et frileuse communauté chrétienne qui s'est implantée à Toulouse passe aux abords du Capitole, place Esquirol, alors qu'on s'apprête à y sacrifier un taureau selon les rites de Mithra. Comme il refuse de s'incliner devant la divinité, le peuple déchaîné réclame sa mort. On attache donc Saturnin au jarret du taureau qui remonte le *cardo*, rue Saint-Rome, avec des bonds furieux, franchit la Porterie et traîne le corps du malheureux « jusqu'au lieu où la corde se rompit ». L'endroit où les bouviers auraient abattu le taureau fut baptisé « Matabiau » (« Tue bœuf »). La *Passio sancti Saturnini*, écrite au Ve siècle, raconte comment « deux pauvres femmes, trouvant dans leur foi la force de surmonter les faiblesses de leur sexe et se montrant à elles seules plus courageuses

Maître-autel du chœur de Saint-Sernin et son retable représentant le martyre de saint Saturnin sculpté par Marc Arcis, en 1720.

Représentation du martyre de saint Saturnin. Reliquaire de saint Saturnin (atelier toulousain, XIIIe siècle). Trésor de Saint-Sernin.

que tous les hommes », ensevelirent en cachette le corps de Saturnin à l'abri des profanations. La tradition en fera les « saintes Puelles ».

Le supplice de saint Saturnin consacre l'apparition à Toulouse d'un groupe religieux encore minoritaire face à un culte impérial encore vivace. Ainsi, dans les plus hautes sphères de l'Empire, décide-t-on, au milieu du IIIe siècle, d'agrandir l'amphithéâtre d'Ancely-Purpan. L'édifice, dont les spectacles revêtent une connotation religieuse et impériale, peut désormais contenir jusqu'à 15 000 spectateurs.

La ville antique prend ses aises et se déploie. L'actuel quartier Saint-Étienne sort de terre. Vers les années 400, une nouvelle rue nord-sud rejoint le réseau existant. Elle dessert, entre autres, des petits thermes publics, à l'angle du *decumanus maximus* et d'un *cardo* secondaire, ainsi qu'un atelier de potier. Sortent de ce dernier des imitations des sigillées de la vallée du Rhône et des lampes à anse en « tête de cheval » typiquement toulousaines.

Lampe à anse en « tête de cheval », spécifiquement toulousaine (30-80 ap. J.-C.). MSR.

Sous la rue du Languedoc, à l'est du *cardo maximus*, des thermes plus imposants, avec un *caldarium* de plus de treize mètres de long, sont édifiés au Ve siècle. Déjà la cité se teinte de rose : les parements de la plupart de ses murs sont faits de briques, employées seules ou en alternance avec des galets. Le four à chaux visible sous le musée Saint-Raymond prouve le beau dynamisme des activités liées à la construction. L'industrie du réemploi, ses entrepôts, ses charrois, font partie du paysage de la cité. Peut-être trouvait-on aussi à Toulouse des fabriques de cuves de sarcophages. En effet, avec le développement du christianisme, l'incinération disparaît au profit de l'inhumation et les riches fidèles, enterrés notamment autour de Saint-Roch et de Saint-Sernin, reposent dans des sépultures de marbre pyrénéen, de marne dure ou de pierre.

Toulouse fait toujours commerce avec le bassin méditerranéen. À partir du IVe siècle, les céramiques de la vallée du Rhône et les sigillées africaines y abondent tandis que les ateliers toulousains produisent des imitations et des fabrications locales telles que jattes, écuelles et urnes. Les monnaies employées sont frappées à Arles, Lyon, Trèves, Rome et dans quelques ateliers orientaux. Elles témoignent de la période de troubles militaires que connaît l'Empire : elles sont dédiées à la Victoire, à la gloire de l'armée et au retour à la prospérité.

La renommée intellectuelle de Toulouse ne faiblit pas grâce à ses rhéteurs, connus jusqu'à la cour de Constantinople. Évoquant les quatorze ans qu'il passe dans la cité auprès de son oncle Arborius, professeur d'éloquence de grande réputation, le Bordelais Ausone écrira vers la fin du IVe siècle : « Jamais je ne tairai Toulouse ma nourrice, elle qu'un rempart de briques enveloppe de son immense enceinte tandis que sur son flanc circule la belle Garonne. »

Petit sarcophage dit de saint Clair : Daniel dans la fosse aux lions. Le prophète, nu, est épargné par les fauves qui devaient le dévorer. IVe siècle. MSR.

Cuve de sarcophage (détail) : chrisme aux dauphins. Saint-Martin-de-Luffiac, Auterive (Haute-Garonne). Fin du IVe ou Ve siècle. MSR.

Le royaume wisigoth de Toulouse

Le passage du Rhin, le 31 décembre 406, permet aux peuples barbares de se déverser sur les Gaules. Déferlent les Suèves, les Alains, les Vandales et enfin les Wisigoths : « ... le Sarmate a causé des ravages... le Vandale allumé des incendies... l'Alain rapide fait du butin. » (Paulin de Béziers, *Epigramma*). « Les villes encore épargnées sont dépeuplées au dehors par l'épée, au dedans par la famine. » (saint Jérôme, *Epist.* CXXIII *ad Geruchiam*). Défendue par son rempart et par des habitants courageux, Toulouse, soutenue par son évêque Exupère, résiste aux Vandales qui pillent les campagnes alentour avant de passer en Espagne. Cependant, elle ne peut rien contre la formidable armée des Wisigoths qui y entrent en alliés de Rome,

Saint Exupère arrêtant les Vandales aux portes de Toulouse. D'après la légende, l'évêque met en fuite la horde « barbare » armé de son seul aspersoir. Peintures murales du XVe siècle, église Saint-Pierre, à Blagnac.

mais en font vite la capitale de leur royaume, la préférant à Bordeaux. Y règneront tour à tour Wallia (418), Théodoric Ier (418-451), Thorismond (451-453), Théodoric II (453-466), Euric (466-484) et Alaric II (484-507), dans un climat d'abondance sans précédent.

Ancien peuple germanique constituant la branche occidentale des Goths, les Wisigoths (les « Goths sages, vaillants ») apparaissent dans l'histoire à la fin du IIIe siècle. Ils occupent alors une région située entre le Dniepr et le Danube. Convertis à l'arianisme dès le IVe siècle, ils sont autorisés par l'empereur Valens à s'établir en Thrace (376), mais, en réaction contre le sort qu'on leur réserve sur ce territoire, ils se soulèvent et écrasent l'armée romaine près d'Andrinople en 378. De 396 à 410, sous la conduite d' Alaric Ier, ils passent en Italie et s'emparent de Rome le 24 août 410. Le *Vae victis* (malheur aux vaincus) de Brennus s'appliquera à la Ville des Villes : trois jours durant, les Barbares brûlent, pillent, violent ; seuls les sanctuaires sont respectés par Alaric, qui se souvient d'être chrétien. L'invasion de l'Italie, le sac de la Ville éternelle auront une portée immense dans tout l'Empire. Athaulf, qui succède à Alaric Ier, lance les Wisigoths à la conquête de la Gaule, où ils apparaissent pour la première fois au début de l'année 412 et se fixent avec le titre de fédérés dès 413. Ils occupent Narbonne, puis Toulouse.

« Nous survivons en petit nombre : ce n'est point dû à nos mérites, mais à la miséricorde du Seigneur. Des peuples innombrables et très féroces ont occupé l'ensemble des Gaules. Tout le pays qui s'étend entre les Alpes et les Pyrénées, tout ce que limite l'Océan et le Rhin, est dévasté par le Quade, le Vandale, le Sarmate, l'Alain, le Gépide, le Hérule, le Saxon, le Burgonde, l'Alaman et, ô malheur pour l'État, les Pannoniens eux-mêmes sont devenus ennemis, "car Assur est aussi chez eux" (Ps. *82, 9*). *[...] Je ne puis sans pleurer mentionner Toulouse, dont la disparition n' a été jusqu' ici évitée que par les mérites de son saint évêque, Exupère. »*

Lettre de Jérôme à Géruchia (vers 410) dans Lettres de saint Jérôme.

En 415, ils quittent le Midi de la Gaule pour l'Espagne, où ils demeurent jusqu'en 417. Leur retour en Gaule sera précipité par le pouvoir romain, dont la stratégie est d'utiliser les Barbares fédérés en les fixant au sol pour les romaniser. Tel est le sens du *foedus* (traité) de 418 entre l'empereur Honorius et le roi Wallia, par lequel l'Empire décide la « transplantation » des Wisigoths dans un groupe de cités du sud-ouest de la Gaule (l'Aquitaine Seconde et quelques *civitates* des provinces avoisinantes de Novempopulanie et de Narbonnaise Première), enclave dont Toulouse devient la capitale administrative. Tenus à l'écart de la côte méditerranéenne, les Wisigoths, Théodoric Ier à leur tête, lancent à plusieurs reprises des expéditions destinées à leur ouvrir cette voie, mais échouent devant Arles puis Narbonne en 437.

Plaque-boucle caractéristique de la culture gépide (peuple germain oriental ayant rejoint la fédération wisigothique). Début du VIe siècle. Musée de Valentine (Haute-Garonne).

Quoi qu'il en soit, vaille que vaille, ils se montrent encore fidèles au pacte conclu. Deux faits le prouvent : la victoire remportée aux côtés d'Aetius en 451 sur les Huns à la bataille dite des « Champs catalauniques » (*Campus Mauriacus*) et l'élévation à la pourpre impériale du sénateur gallo-romain Avitus en 455, favori de Théodoric II.

En 451, le péril de l'invasion hunnique ressoude Goths et Romains : le patrice Aetius réunit les Barbares de Gaule, Alains, Burgondes, Francs, mais surtout obtient l'aide militaire du roi des Wisigoths d'Aquitaine, Théodoric Ier, qu'il convainc de se porter en avant avec les Romains au-delà de la Loire : « On vit alors marcher derrière les trompettes romaines les escadrons vêtus de peaux et le Goth accourir à l'appel de son nom. » (Sidoine Apollinaire, *Carmina*, VII). L'armée romano-barbare sauve Orléans et force Attila à se replier au nord-est. L'armée des Huns offre la bataille près de Troyes, au *Campus Mauriacus*, le 22 juin.

Théodoric Ier roi des Wisigoths affronte Attila, roi des Huns en 45
au Campus Mauriacus, *près de Troyes. Il y meurt en héros*
Gravure dans Nicolas Bertrand, la « Gesta Tholosanorum », *1515*
(les Gestes des Tolosains, *1555)*
BU de l'Arsenal -Toulouse I (réserve)

« Un petit ruisseau de la plaine des Champs catalauniques qui coule dans un lit peu profond se mit subitement à s'enfler comme un torrent. On pouvait croire qu'une pluie soudaine s'était abattue sur la région. Il n'en était rien. Ce ru était seulement grossi du sang des mourants et roulait aussi des flots impétueux d'où s'échappaient des membres coupés, des têtes arrachées, des troncs humains transpercés. Comble d'horreur, les blessés, poussés par la fièvre, voulurent étancher leur soif et trempèrent leurs lèvres dans cette eau souillée mêlée de débris humains. »

Jordanès (évêque et historien goth du VIe siècle), Histoire des Goths

Le grand roi wisigoth Théodoric II. Capitole, salle du Conseil municipal.

Après plusieurs heures de mêlée sanglante, les troupes d'Attila se replient derrière leurs chariots et regagnent la vallée du Rhin. Ce combat connaît un retentissement énorme par la violence des affrontements, ainsi que la frayeur qu'inspire Attila, avec « sa taille courte, sa large poitrine, une fort grosse tête, de petits yeux, un nez camus, un teint brunâtre », « cauchemar de tous les peuples, semant partout la terreur ». On raconte qu'à l'issue de la bataille, plus de 300 000 cadavres, sans compter les blessés, jonchaient le champ de bataille : « Vous eussiez vu des bandes de Goths à la voix rude et discordante s'occuper des soins pieux des funérailles au milieu des fureurs d'une guerre qui ne s'était pas éteinte encore... » (Sidoine Apollinaire). Théodoric est parmi les nombreux morts, mais son sacrifice n'a pas été pas vain : sa cavalerie fougueuse a sauvé l'Occident, l'invincibilité d'Attila, le « roi des rois », a été ébranlée.

Théodoric II, troisième roi de Toulouse, prend le pouvoir en 453. Dès le début de son règne, il concrétise et confirme le traité en installant à Rome Avitus, le dernier empereur « gaulois ».

Toulouse accède peu à peu à une autonomie, puis à une indépendance de fait. Cette évolution politique se traduit par l'édification de monuments affirmant les prérogatives de puissance publique des souverains wisigoths. C'est le cas du palais royal mis au jour lors de la destruction de l'ancien hôpital Larrey, en 1987. L'édifice, adossé aux remparts, atteignait des proportions spectaculaires : 90 mètres de façade, 30 mètres de profondeur, de longues galeries latérales qui partaient d'une gigantesque entrée tournée vers la Garonne.

L'essor du christianisme a modifié le paysage urbain entre le milieu du IVe et le début du VIe siècle. Tandis que, hors de l'enceinte de la cité, la première basilique Saint-Sernin, bâtie par l'évêque Exupère et inaugurée en 403, rassemble des fidèles de plus en plus nombreux, s'érigent des constructions nouvelles. Un groupe cathédrale dédié à saint Étienne et

Journée de Théodoric II

« Veux-tu le détail de son activité journalière, celle qui se déploie en public ? Il se rend, avec une suite très peu nombreuse, aux cérémonies tenues avant le jour par les prêtres de sa religion et témoigne au culte d'un grand empressement, bien que (soit dit entre nous) on puisse observer que ces marques extérieures de dévotion sont plus affaire d'habitude que de conviction.

Les devoirs de sa charge royale requièrent le reste de la matinée. Des officiers en armes entourent le trône ; quant à la troupe des gardes du corps vêtus de peaux, on la fait entrer pour s'assurer de sa présence, puis on la fait sortir pour qu'elle ne gêne pas par son bruit ; ainsi peut-elle bavarder à voix basse devant la porte, en dehors des rideaux mais à l'intérieur de l'enceinte.

Cependant sont introduits des représentants des nations étrangères : il écoute beaucoup, il répond en peu de mots, remettant à plus tard ce qui demande réflexion, expédiant sur l'heure tout ce qui ne fait pas difficulté. La deuxième heure est-elle arrivée : il se lève de son trône pour donner son temps à l'inspection de ses trésors ou de ses écuries. [...]

Pour en venir à ses repas, qui d'ailleurs en dehors des jours de fête sont semblables aux repas d'un simple particulier, l'on n'y voit point de serviteur haletant déposer sur des tables chargées à craquer la masse brute d'une vieille argenterie ; ce sont les paroles qui ont alors le plus grand poids, car ici ou bien l'on ne raconte pas d'histoires ou l'on en raconte de sérieuses. Les lits de table et les tentures offrent aux regards des tissus qui sont tantôt de pourpre tantôt de lin. Les mets plaisent par leur préparation soignée, non par leur coût, les plats par leur éclat non par leur poids. Les offrandes de coupes et de patères sont si rares que la soif trouverait plus facilement l'occasion de se plaindre que l'ivresse de décliner une offre.

Bref, on peut voir là l'élégance grecque, l'abondance gauloise, la vivacité italienne, la pompe officielle, les attentions d'une demeure privée, l'ordonnance royale. Quant au luxe des jours de sabbat, je dois m'abstenir d'en parler, car il ne peut être inconnu même des gens sans notoriété. »

Sidoine Apollinaire,
Sidoine à son cher Agricola,
Toulouse, vers 455 (extrait).

© Philippe Terrancle.

Vue aérienne des fondations du palais présumé des rois wisigoths. Découvertes en 1989 sous l'ancien hôpital Larrey, celles-ci furent détruites avant même que des fouilles soient effectuées.

Fragment de mosaïque murale provenant de l'ancienne église Notre-Dame-de-la-Daurade. V^e ou VIe siècle. Musée Calvet, Avignon.

à saint Jacques prend place dans le nouveau quartier est de la cité. Deux églises, la Daurade et Saint-Pierre-des-Cuisines, ont joué vraisemblablement un rôle important dans l'histoire de Toulouse, capitale wisigothique. La Daurade était un édifice polygonal revêtu de splendides mosaïques à fond d'or (*Deaurata* : Daurade) figurant des scènes bibliques : prophètes, sacrifice d'Abraham, scènes de l'enfance du Christ notamment. Était-elle la chapelle privée du roi ? l'église palatiale ? un mausolée royal ? Les historiens et les archéologues débattent encore de la fonction de ce monument unique. Quant à la basilique funéraire de Saint-Pierre-des-Cuisines, on y a découvert plusieurs dépouilles inhumées avec un mobilier caractéristique du peuple wisigoth.

Toulouse capitale est alors une cité active, prospère et peuplée. Y cohabitent deux populations bien différentes, les Gallo-Romains, majoritaires, et les Wisigoths. Ces derniers ont les cheveux longs, portent des tuniques collantes, ou, en hiver, des fourrures. Ils se remarquent par leur piété, voire leur superstition.
Le sénateur évêque Sidoine Apollinaire chante cette cour, où se côtoient, dit-il, « le Saxon aux yeux bleus, le Sicambre aux longs cheveux, l'Hercule aux joues verdâtres qui habite les rives reculées de l'Océan, l'Ostrogoth délivré des Huns, des ambassadeurs du lointain roi de Perse, le Romain lui-même qui vient demander à la Garonne de protéger le Tibre affaibli ».

Mais c'est sans conteste Ragnachide, femme de Théodoric II, qui est restée dans la « mémoire » des Toulousains. Ses pieds palmés comme ceux d'une oie lui ont valu le surnom de reine Pédauque (« pè d'auca » en occitan), reine auréolée de légendes les plus variées : elle aurait construit la Daurade, elle empruntait un aqueduc pour se rendre de sa résidence située sur le plateau de Lardenne à son palais urbain, elle aurait pour tombeau un sarcophage paléo-chrétien sur lequel est représenté un palmipède...

L' empereur romain Théodose, entouré de Valentinien,
Marcien et Marjorien, portant chacun un livre.
Bréviaire d' Alaric et autres textes juridiques. *Manuscrit à peinture (800 / 850 ?).* BNF.

Le « Bréviaire d' Alaric » est une compilation de droit romain tardif promulguée en 506 et destinée aux sujets gallo-romains du roi. C'est aussi en latin qu' Euric fait rédiger vers 480 « la loi des Wisigoths », recueil des coutumes gothiques.

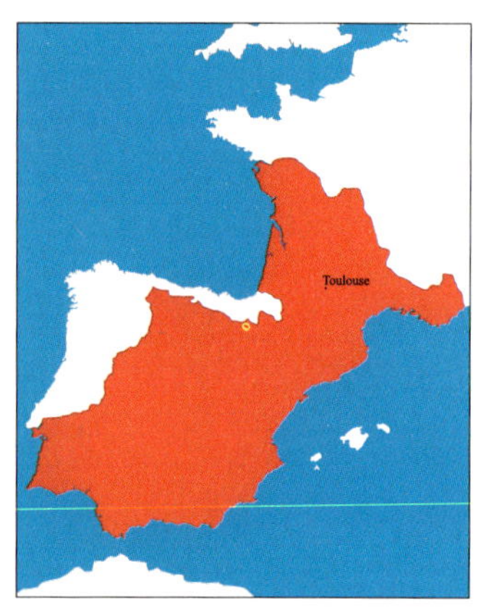

Étendue du royaume wisigoth à la fin du Ve siècle. Euric soumet presque toute l'Espagne, agrandit son domaine vers le nord, jusqu'à la Loire, prend enfin Arles, où vacillent les derniers feux de l'Empire romain.

Tant que le pouvoir central se montre fort, le traité, quoique violé à maintes reprises, peut être renouvelé et maintenu. À partir de 462, la confusion romaine grandit d'une manière proportionnelle à la puissance wisigothique, qui accède, au début du règne d'Euric, à la souveraineté totale. En 466, en l'absence de pouvoir central, ce dernier n'hésite pas à assassiner son propre frère. Ce crime annule le *foedus* romano-gothique, vieux de tout juste 50 ans. Euric va inaugurer une politique ouvertement favorable aux intérêts wisigoths. Le « loup de notre temps » (Sidoine Apollinaire) assoit l'arianisme et entreprend des persécutions contre les catholiques. Cependant, avant de mourir en Arles en 484, il prendra des mesures de clémence envers ces derniers, leurs prêtres et leurs évêques : beaucoup sortiront de prison, leurs églises seront rebâties et leur culte sera rétabli.

Son programme est très simple : « Reculer jusqu'au Rhône et à la Loire les bornes de son domaine » (Sidoine Apollinaire, *Epist*, VIII).

Euric a conquis et pacifié. Son royaume, immense, s'étend de la Loire à la Durance et embrasse la majeure partie de l'Espagne (soit près de 750 000 km² et 10 millions d'habitants).

Mais l'hégémonie wisigothique n'est assurée qu'en apparence. Le 8 décembre 484, à Toulouse, Alaric II succède à son père.

La fin du royaume de Toulouse est proche, car « beaucoup déjà en Gaule, désiraient très ardemment avoir les Francs pour maîtres » (Grégoire de Tours, *Histoire des Francs*).

Euric. Madrid, place d'Orient.

« Clovis roi dit à son entourage : "C'est avec beaucoup de peine que je supporte que ces Ariens occupent une partie des Gaules. Marchons avec l'aide de Dieu et quand ils auront été vaincus, nous soumettrons leur terre à notre domination." »

Grégoire de Tours, Histoire des Francs *(I, XXXVII), VIe siècle.*

Pierre sigillaire d'Alaric II, roi des Wisigoths. Saphir, or massif. 484-507.

*Un jeune homme, représenté en buste, semble sortir du centre du saphir : son visage est ovale, son nez droit, ses yeux grands et coupés en amande ; ses cheveux courts, frisés sur le front, sont rendus par des lignes perpendiculaires et parallèles. On distingue la présence d'une armure dont la composition accentue la facture rigoureuse et symétrique du portrait. Pas d'insigne de pouvoir ; seule une inscription, déchiffrable dans un miroir, nous apprend qu'il s'agit d'*Alaric Rex Gothorum, *« Alaric roi des Goths ». C'est Alaric II qui est représenté ici. En 484 apr. J.-C., il succède à son père Euric et en 507, meurt à la bataille de Vouillé contre Clovis. Avec lui s'achève le royaume wisigoth de Toulouse. Ce sceau appartient, avec ceux de Childeric Ier et de Théodoric le Grand, roi des Ostrogoths, aux sceaux royaux germaniques les plus anciens conservés. Sertie au* XVIe *siècle dans une bague en or, la pierre appartenait probablement au comte Ulrich von Montfort (mort en 1574). Elle est citée pour la premièree fois à la fin du* XVIe *siècle dans l'inventaire des collections de l'archiduc Ferdinand II, conservées au château d'Ambras, près d'Innsbruck.*

Dr Alfred Bernhard-Walcher, cabinet des antiques du Kunsthistorisches Museum de Vienne (traduit de l'allemand par C. Piskiewicz).

Bataille dite « de Vouillé ». Miniature du XVe *siècle.* BNF.

À la fin de l'été 507, Clovis, roi des Francs rencontre Alaric, roi des Goths, dans la plaine de Vouillé, à dix milles de Poitiers. Alaric est tué, probablement par Clovis en personne. La bataille eut un grand retentissement dans la mémoire collective. Aux dires de Fortunat (vers 560-575), on voyait encore sur les lieux « des collines de cadavres ».

TOULOUSE, VILLE DES FRANCS
VIe-Xe siècle

Siège de Toulouse par l'armée de Clovis en 508. Pendant qu'un soldat franc mine les remparts, un Wisigoth défend la ville depuis les créneaux. Chapiteau du martyre de saint Volusien (XIIe siècle). MDA.

En 507, Clovis part en « croisade » contre le royaume hérétique de Toulouse et défait les Wisigoths à la bataille de Vouillé, près de Poitiers. Le roi Alaric II est tué et les armées en déroute font retraite vers le sud en abandonnant Toulouse, leur capitale. Amalaric, tout jeune héritier du trône, fuit en Espagne et le trésor royal des Wisigoths est transféré de Toulouse à Carcassonne.

Au printemps 508, Clovis entre dans une ville heureuse d'être débarrassée de ses souverains ariens. La conquête franque sonne le glas de la grandeur de Toulouse qui perd son statut de capitale pour devenir une cité comme les autres et connaît d'importants bouleversements géopolitiques. En effet, le futur Languedoc, alors appelé Septimanie, reste dans le giron du royaume wisigothique de Tolède et prive Toulouse de son lien privilégié avec Narbonne et la Méditerranée.

La révolte de Gondovald se détache de la chronologie complexe des partages et des successions qui suivent la mort de Clovis en 511. Gondovald se prétend de sang royal et revendique le pouvoir sur les terres de Gontran, fils légitime de Clotaire. Il se fait même proclamer roi à Brive en 584. Soutenu par le duc Didier et avec l'aide d'habitants terrorisés, il entre dans Toulouse malgré la résistance de l'évêque Magnulf. L'équipée de Gondovald se termine à Saint-Bertrand-de-Comminges où il trouve une mort spectaculaire en 585 : il est précipité du haut du rocher de Matacan par les habitants de la ville, désireux de se concilier les faveurs de Gontran. Ce dernier n'éprouvera cependant aucun scrupule à les passer au fil de l'épée et à raser leur cité.

« ...Or comme le roi dans la débâcle des Goths avait tué le roi Alaric, deux hommes survenant à l'improviste en sens opposé lui frappent de leurs lances les deux côtés ; mais grâce à son bouclier ainsi qu'à son cheval rapide il échappa à la mort. Un très grand nombre d'Arvernes qui étaient venus avec Apollinaire et qui étaient les premiers des sénateurs tombèrent alors. Quant à Amalaric, le fils d'Alaric, il s'enfuit de cette bataille pour aller en Espagne et gouverna sagement le royaume de son père. »

Grégoire de Tours, Histoire des Francs *(II, XXXVIII).*

Tiers de sou d'or mérovingien frappé à Toulouse à l'image de la Louve et des Jumeaux, reprise des monnaies de Constantin et symbole millénaire de Rome. ANF.

En dehors de cet épisode mouvementé, les Toulousains ne voient jamais ces Mérovingiens, qui confient leur administration à des ducs et se contentent de percevoir les dîmes. Pourtant, l'occupation franque est bien réelle dans la région, comme en témoignent les noms de lieux à suffixe en -ville, de la Gascogne au Lauragais. Les tombes franques sont nombreuses à l'est de Toulouse, le long de la frontière avec la Septimanie. Dans la ville, la population gallo-romaine doit sans doute accueillir un grand nombre de nouveaux venus, dont l'assimilation est facilitée par la pratique d'une religion commune. Dans la seconde moitié du VIIe siècle, des tiers de sous d'or poinçonnés aux noms de monétaires germaniques sont frappés à Toulouse où se fabriquent aussi des plaques-boucles franques à usage funéraire. Mais Toulouse supporte mal cette présence étrangère car elle se sent avant tout romaine.

Comme l'Aquitaine, la ville revendique un héritage culturel qui fait le lit des courants autonomistes dont Gondovald est le précurseur. L'aristocratie locale, au mode de vie surtout rural, est en effet peu touchée par la vague d'invasions et continue à se nourrir de culture antique et de christianisme. Dans les années 600, certains Toulousains vivent toujours dans un univers romain autour d'un grammairien répondant au nom révélateur de Virgile de Toulouse. Pour gérer leur royaume et l'Église, les rois francs s'appuient sur de jeunes Aquitains, coulés de gré ou, surtout, de force dans le moule parisien, comme Germier qui deviendra évêque de Toulouse à la fin du VIIe siècle.

Plaque-boucle de ceinturon de l'époque mérovingienne, découverte à Revel (Haute-Garonne). MSR.

Une nécropole franque, témoignage archéologique de la conquête de Clovis

L'effondrement du royaume de Toulouse en 508 et la prise de la cité par l'armée de Clovis marquent pour la région le début d'une ère nouvelle. Dans ce contexte, la présence, sur le site de La Gravette, à L'Isle-Jourdain, à une quarantaine de kms à l'ouest de Toulouse, d'un groupe armé issu des régions les plus septentrionales du regnum francorum, *en un lieu situé aux confins de la Narbonnaise et de la Novempopulanie, le long d'une voie stratégique, répond à un impératif politique et militaire de maîtrise des nouveaux territoires conquis. Ce groupe ethnique nous apparaît grâce à la fouille de sa nécropole, distincte du complexe paléochrétien. La zone funéraire franque est en effet située à distance des édifices paléochrétiens ; elle occupe une aire rectangulaire de 35 x 25 m, délimitée par des fossés. Les sépultures en coffre de bois, au nombre de 62, sont toutes orientées et organisées en rangées de direction nord-sud. 46 de ces tombes possédaient un mobilier funéraire parfois riche, caractéristique des groupes francs les plus septentrionaux du royaume mérovingien (Moselle ou Picardie notamment). Une proportion importante des sépultures masculines a livré des armes : lances, haches d'armes et francisques.*

De telles associations d'objets étaient jusqu'à présent inconnues dans le Toulousain et même dans le Sud-Ouest. On peut penser que deux générations ont été inhumées, de façon continue, entre les années 510 et 550. Le mobilier comme les usages funéraires, mais aussi l'anthropologie témoignent du caractère exogène de ce groupe humain. Ces données nous renvoient l'image d'un groupe social très nettement différencié de la population locale, doté de sa propre nécropole, portant un costume particulier, absent de la nécropole « autochtone » voisine. Ce groupe met en exergue les marqueurs sociaux de son appartenance au peuple franc, jusqu'à l'utilisation de céramiques importées du nord du royaume mérovingien. Cependant, les descendants de ce groupe paraissent s'être acculturés, après 550 : ils sont désormais inhumés en sarcophage, dans l'église voisine, au sein donc de la nécropole « autochtone ».

Jean-Luc Boudartchouk

« ... La ville était sur le point de se rendre lorsque Eudes arriva. Au rapport des historiens arabes telle était la multitude des chrétiens que la poussière soulevée par leurs pas obscurcissait la lumière du jour. Al-Samh, pour rassurer les siens, leur rappela ces paroles du Coran, si Dieu est pour nous, qui sera contre nous ? Les deux armées, ajoutent les Arabes, s'avancèrent l'une vers l'autre avec l'impétuosité de torrents qui se précipitent du haut des montagnes ou comme deux montagnes qui cherchent à se rencontrer. La lutte fut terrible et le succès longtemps incertain. Al Samh se montrait partout, semblable à un lion que l'ardeur anime, il excitait les siens de la voix et du geste et on reconnaissait son passage aux longues traces de sang que laissait son épée. Mais pendant qu'il se trouvait au plus épais de la mêlée, une lance l'atteignit et le renversa de cheval. Les Sarrasins l'ayant vu tomber, le désordre se mit dans leurs rangs et ils se retirèrent laissant le champ de bataille couvert de leurs morts. »

M. Reinaud,
Invasions des Sarrasins en France, *1836.*

Toulouse, place d'armes

Pendant tout le VIe siècle, Toulouse joue le rôle de place forte contre la Septimanie et l'Espagne des Wisigoths. En 589, ces derniers se convertissent au catholicisme, mais la ville continue à surveiller ses frontières à l'est. Au VIIe siècle, il lui faut compter avec un nouveau danger, venu du sud-ouest cette fois. Les Basques, descendus de leurs montagnes, envahissent la Novempopulanie, qui donnera naissance à la Gascogne. Les historiens francs font de ces « Vascons » une description apocalyptique, qualifiant ce peuple d'« abominable ». Le roi d'Aquitaine Charibert, qui fait de Toulouse sa capitale (629-632), est ainsi chargé de « soumettre à son pouvoir toute la Vasconie ».

Le royaume de Toulouse disparaît sous Dagobert qui refait l'unité franque ; puis arrivent les « rois fainéants », et le royaume de Toulouse revit sous la forme hybride d'un duché qui reconnaît la suzeraineté des derniers Mérovingiens mais où les ducs ont tout pouvoir. Ce duché étend loin ses frontières. Au point qu'en 714, le « duc et prince d'Aquitaine » Eudes se trouve régner à partir de Toulouse sur un État allant des Pyrénées à la Loire et de l'Océan à Rodez. Champion d'une Aquitaine autonome contre

les Francs du nord, et notamment Charles Martel, il compte dans ses armées des Aquitains et des Vascons.

Fort de ces contingents, le 9 juin 721, Eudes inflige à Toulouse une sévère défaite aux envahisseurs arabes, devenus les nouveaux maîtres de l'Espagne. Sous les vieux murs de la cité romaine, leurs armées sont anéanties et leur chef al Samh trouve la mort. Selon les chroniqueurs arabes, ce désastre militaire, connu sous le nom de « bataille du Plateau », restera un jour noir dans l'histoire de l'Islam. La victoire éclatante d'Eudes met un terme aux conquêtes des Sarrasins. Onze ans plus tard, ceux-ci éviteront Toulouse pour se jeter sur l'Aquitaine et menacer faubourgs et monastères jusqu'à Poitiers.

Après avoir soumis la Septimanie musulmane en 759, le fils de Charles Martel, Pépin le Bref, fondateur de la dynastie carolingienne, arrache en 768 les terres de

La bataille de Poitiers (732). Onze ans après la bataille du Plateau où Eudes triomphe des Sarrasins à Toulouse, Charles Martel arrête l'invasion musulmane. Miniature du XIVe siècle. BL.

Roncevaux. Charlemagne découvre Roland mort. Miniature du XVe siècle. BL.

« Le comte Roland
a la bouche sanglante :
De son cerveau,
rompue en est la tempe.
Il sonne l'olifant
avec douleur et peine. »

La Chanson de Roland *(fin du XIe siècle).*

Toulouse au duc Waïfre. Il assoit ainsi son autorité et en finit avec ce fier duché d'Aquitaine. Englobée dans le monde franc, la ville va jouer un rôle clé pour la défense du royaume toujours menacé par les Sarrasins et par des résurgences autonomistes.

En 778, dans le défilé de Roncevaux, les Vascons anéantissent l'arrière-garde de l'armée franque, de retour d'une expédition contre les Sarrasins à Saragosse, où Charlemagne intervient en personne.

Cet échec conduit le roi à créer un immense royaume d'Aquitaine, de l'Atlantique au Rhône, et de la Loire aux Pyrénées. C'est là un moyen judicieux de conforter la présence des Francs tout en satisfaisant l'amour-propre des Aquitains. Charlemagne confie ce royaume à son fils Louis, auquel il fait porter le costume vascon et qu'il entoure de conseillers francs, les comtes de Toulouse. C'est de Toulouse, capitale officieuse du royaume, que sont organisées les expéditions franques en Espagne. La cité accueille plusieurs « champs de mai », ces assemblées politiques et militaires où se planifie la conquête de la Catalogne jusqu'au sud de Barcelone. Y règne une activité militaire sans précédent tandis que les chansons de geste évoquent la vie du comte et duc de Toulouse, Guillaume d'Orange. En 804, son devoir accompli, ce vaillant guerrier, alliant la bravoure à la piété, se retire à l'abbaye de Gelone qui porte désormais son nom : Saint-Guilhem-le-Désert.

Charlemagne désigne la couronne à son fils Louis. Miniature du XIV/XVe siècle. BNF.

Louis le Pieux devenu empereur, le royaume d'Aquitaine passe à son fils Pépin Ier en 817, puis à son petit-fils Pépin II en 839. Ce dernier doit compter avec les appétits de pouvoir de Charles le Chauve qui revendique l'Aquitaine depuis que le partage de Verdun en 843 lui a octroyé la Francie occidentale. Charles assiège Toulouse et s'installe au monastère de Saint-Sernin en 844, puis lève le siège, faute de renforts. En 849, il entre dans la ville grâce à la trahison du comte Frédelon, ancêtre de cette dynastie des Raimond qui va s'accaparer le comté. Condamné à une vie d'errance, Pépin se lance dans une ultime tentative de reconquête quinze ans plus tard :

La geste de Guillaume d'Orange, comte de Toulouse au VIIIe siècle, fidèle conseiller de Louis le Pieux. Miniature du XIV/XVe siècle. BNF.

Copie du diplôme de Charles le Chauve, document le plus ancien relatif à la ville de Toulouse (844). À la requête de Samuel, évêque de Toulouse, Charles le Chauve, roi de France, confirme le privilège de l'immunité en faveur de la cathédrale Saint-Étienne et des monastères de la Daurade et de Saint-Sernin. ADHG.

il remonte la Garonne avec une bande de pirates normands et lance un dernier assaut contre les murs de la ville.

Tout au long de ces siècles, ses remparts romains ont permis à Toulouse de résister à nombre d'assaillants. Mais les églises se sont substituées aux vieux temples. Le Capitole, lieu du martyre de Saturnin, cède la place à une chapelle, au milieu du VIe siècle, qui deviendra, à l'époque romane, l'église Saint-Pierre-Saint-Géraud, place de la Pierre (Esquirol). Pendant la révolte de Gondovald, Sainte-Marie de la Daurade sert de refuge à la princesse Rigonthe, dépouillée par le duc Didier de ses cinquante chariots d'or, d'argent et d'effets précieux alors

« Les objets de cette sorte servaient de cors de chasse, de trompes ou de cornes à boire, mais à cause de leur rareté et de leur caractère précieux et exotique, ils devenaient objets de légendes et finissaient par entrer dans les trésors des églises en qualité de reliques. »

Marcel Durliat, Haut-Languedoc roman.

qu'elle faisait route pour son mariage avec le roi de Tolède. Saint-Rémy, près de la Dalbade, Saint-Quentin, porte nord, en charge de protéger le rempart romain, datent peut-être des Francs. Saint-Sernin surtout connaît la gloire en devenant un des plus hauts lieux de pèlerinage de l'époque franque. Partout, on vénère le saint que la littérature pieuse présente même comme un disciple de l'apôtre Pierre. La basilique du haut Moyen Âge abrite alors un trésor remarquable : un cor d'ivoire, dit « cor de Roland », aujourd'hui au musée Paul-Dupuy, l'évangéliaire de Charlemagne, aux somptueuses enluminures, conservé à la Bibliothèque nationale, et un camée (la *Gemma augustea*), cadeau supposé de Charlemagne, exposé au musée de Vienne.

L'évangéliaire de Charlemagne, « écrit en lettres d'or avec ses histoires », par le scribe Godescalc en 781, fut offert à Napoléon Ier en 1811. BNF.

Olifant dit « Cor de Roland », provenant du trésor de Saint-Sernin. Ivoire sculpté. Italie du Sud (ateliers de Salerne ?). (XIe siècle). MPD.

« Ce chef-d'œuvre tenta le pape Paul II à ce point que, pour le posséder, il offrit vainement de faire construire à ses frais un pont sur la Garonne. François Ier, ayant pu l'admirer à son passage à Toulouse (1533), l'offrit à Clément VII, en dépit des résistances des capitouls ; le camée ne parvint pas, du reste, au pontife, prit le chemin de Fontainebleau, où les Ligueurs le volèrent en 1590 ; passé en Italie, il fut apparemment vendu à l'empereur Rodolphe II. La légende veut qu'il ait été donné avec des reliques à l'abbaye par Charlemagne ; mais il est possible que ce cadeau magnifique provienne du comte de Toulouse Raimond de Saint-Gilles, qui l'aurait rapporté de Constantinople après la première croisade. »

Henri Ramet, Histoire de Toulouse, *1935.*

Le camée couramment appelé Gemma augustea *(19 x 23 cm), conservé au cabinet des antiques du musée de Vienne, est l'un des chefs-d'œuvre de la glyptique du Ier siècle. Il est gravé sur une pierre d'onyx arabe à double couche, aux environs de l'an 10, par un artiste qui pourrait être Dioscurides ou l'un de ses disciples.*

Dans le registre supérieur est figuré Auguste divinisé, sous les traits de Jupiter ; il est assis de profil, en position de majesté, le sceptre dans la main droite, le bâton d'augure dans la gauche, l'aigle à ses pieds. Derrière lui, un groupe de figures allégoriques : l'Oikoumène *(ensemble de la Terre habitée) le couronne de la* corona civica *à feuilles de chêne pour le remercier d'avoir sauvé la vie de nombreux citoyens romains ; Océanos, qui règne sur les mers, enfin, l'Italie tenant une corne d'abondance, avec deux bambins à ses côtés. À la droite d'Auguste trône la déesse Rome, qu'il a sauvée de la guerre civile, tandis que le Capricorne, situé au-dessus de sa tête, rappelle le jour faste de sa conception, un 23 décembre. À la droite de Rome se tient Germanicus, le petit-neveu d'Auguste, en tenue militaire, tandis que Tibère, le futur* imperator *et beau-fils de l'empereur, la tête couronée de lauriers, un long sceptre à la main, descend d'un bige (char à deux chevaux) conduit par la déesse Victoire. Le bâton d'augure qu'Auguste tient dans sa main peut signifier que l'empereur a annoncé les victoires de Tibère, mais que celui-ci, ayant vécu sous ses auspices, continue à lui céder le premier rang.*

Dans le registre inférieur, des dieux (?) érigent un trophée d'armes pour célébrer la victoire qu'ils viennent de remporter sur les Barbares qu'ils tiennent captifs. S'agit-il de la victoire sur les Dalmates, le 16 janvier de l'an 10 après J.-C. ? Bien que l'idéalisation des personnages rende par endroits l'identification problématique, la signification générale et les visées politiques de cette œuvre sont claires : glorifier les victoires d'Auguste et de son successeur Tibère, et par là, l'extraordinaire pouvoir sur Terre de l'empereur romain.

Dr Alfred Bernhard-Walcher,
cabinet des antiques du Kunsthistorisches Museum de Vienne
(traduit de l'allemand par C. Piskiewicz).

Les Hongrois mis en fuite par le comte Raimon-Pons en 924. Gravure de Cazes. MPD.

TOULOUSE, VILLE DES COMTES
Xe-XIIIe siècle

La Toulouse du Xe siècle est mal connue des historiens. Des invasions ont sans doute menacé la ville, sans la toucher toutefois. En 920 ou 929, les Sarrasins d'Espagne traversent les Pyrénées et pénètrent en pays toulousain. Selon certains auteurs, ce sont les Hongrois qui poussent, en 924, leurs chevaux nerveux jusque sous les murs de la cité. Ces descendants des Huns, réputés pour leur férocité, sont arrêtés par le comte Raimon-Pons.

Près d'un siècle plus tard, la chronique d'un moine angoumoisin, Adhémar de Chabannes, mentionne l'existence d'une colonie juive à Toulouse et parle d'hérétiques brûlés dans la cité.

La ville va quelque peu sortir de l'ombre en l'année 1073, qui marque le début de la querelle de la réforme grégorienne. L'évêque Isarn, partisan du retour à la pure règle de saint Benoît, entre en conflit avec les chanoines de Saint-Sernin qui mènent de leur côté leur propre réforme avec l'appui du pape et entreprennent alors l'actuelle basilique. Cette querelle de clercs revêt presque des allures de tragi-comédie. En 1082, les chanoines de Saint-Sernin sont expulsés du chantier par Isarn et par le comte Guillaume IV, réputé pour sa piété, et remplacés par des moines venus de Moissac. Le pape intervient : Saint-Sernin est restituée à ses anciens occupants tandis qu'Isarn se réfugie dans un long silence de dix ans. En filigrane de cet épisode se dessine l'image d'une ville nouvelle dont l'essor a déjà commencé.

Aux XIe et XIIe siècles, les campagnes se transforment autour de Toulouse. Les défricheurs du Moyen Âge poursuivent l'œuvre de leurs prédécesseurs. Les vignes envahissent les coteaux du Frontonnais dès 1120. Les forêts du Toulousain, déjà éclaircies à l'époque romaine, reculent encore grâce au patient travail des moines cisterciens de Grandselve à l'ouest de la Garonne, et de ceux de Boulbonne au sud. Les coups de hache résonnent jusqu'aux abords de la ville, comme au sud, sur la « sauveté » de Pins-Justaret, fondée par la communauté de Saint-Sernin, où le bois sert à la fortification du village.

« ...Dans la cité de Toulouse les Juifs donnent comme taxe au culte étranger [chrétien] 30 livres de cire à leur Pâque chaque année et au moment du don de la cire on donne un coup à celui qui l'apporte. »

Chronique d'Adémar de Chabanes, *vers 1020.*
La colaphisation, du latin colaphus, *coup de poing, consiste à souffleter un Juif représentant sa communauté, le Vendredi saint. Il s'agit de « venger la mort du Christ », formule lourde de potentiel de violence, que les pastoureaux reprendront à leur compte.*

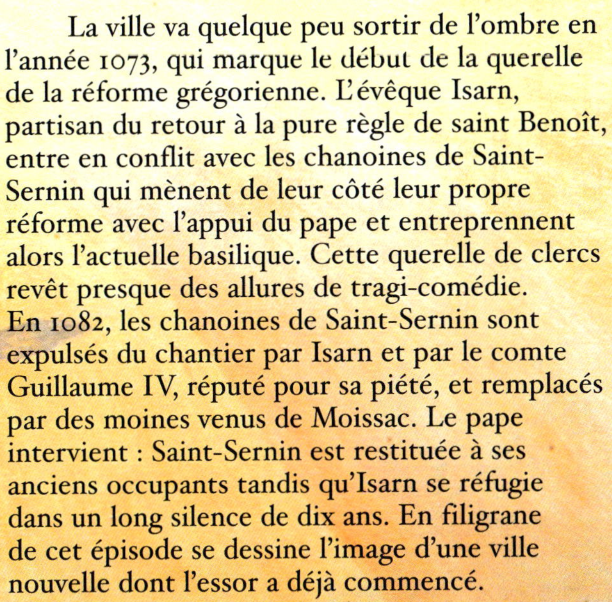

Le Lauragais.
Peinture de Jean-Paul Laurens (1897). Capitole, salle des Illustres.

Un paysan laboure sa tenure à l'aide d'une charrue tirée par des bœufs. Miniature des « coutumes de Toulouse » (1286). BNF.

Les hommes, de plus en plus nombreux, se regroupent dans des villages ecclésiaux blottis autour de leur église ou dans des « castelnaux » rassemblés au pied de leur château. Dans ces îlots de sécurité, les paysans obéissent à leurs nouveaux maîtres, les tout-puissants seigneurs issus de la révolution féodale, dont ils sont souvent les serfs.

Nombreux sont ceux qui prennent le chemin de la ville, toute proche. Les nouveaux venus ne sont pas seulement des serfs épris de liberté. Les seigneurs urbains, les chevaliers, ont très souvent des racines rurales, tels les Bruguières, les Maurand ou les Villeneuve. Grossie par cette émigration, Toulouse devient, à la fin du XIIe siècle, la ville la plus peuplée d'Europe, ou du moins l'une des premières.

Un gros village

Le boucher. Dessin en marge des statuts des corps de métiers à Toulouse (1270-1322). AMT.

Les campagnes assurent le ravitaillement de la ville. Le petit commerce se développe autour des produits de l'agriculture et de l'élevage. Poissons, sel, bois, blé, huile envahissent les marchés de « gros » où se fournissent les revendeurs. Les aristocrates laïcs perçoivent chez eux les redevances de leurs terres, tandis que certains chevaliers n'hésitent pas à profiter de l'Église toulousaine elle-même. « Gardes du corps » d'un puissant ecclésiastique au XIIe siècle, les chevaliers de Saint-Sernin détournent pour leur compte les dîmes de la riche abbaye qui possède des vignes, des terres et des fermes, dans le nord-Toulousain. Vers 1200, nombre des seigneurs urbains sont d'ailleurs devenus des prêteurs, « usuriers », selon les termes de l'Église, car le loyer de leurs terres leur assure des moyens monétaires.

Toulouse ressemble alors à un gros village où règne une intense activité. Dans la Cité, se tisse un réseau d'artères parallèles à l'antique voie principale, de la rue Pharaon à la rue Saint-Rome. La plupart des artisans et des commerçants s'installent dans des rues qui portent aujourd'hui leurs noms : rue des Changes, des Couteliers, des Filatiers, des Paradoux (foulons), ou des Polinaires (brunisseurs d'objets en métal). Le quartier juif s'organise autour de la rue Joutx-Aigues (*juzaigas*, judaïque). Ailleurs, le peuplement est plus lâche. Les maisons de paillebard et de bois, appelées « casaux », comportent des dépendances, parfois un jardin ou un verger et sont munies de clôtures. Les nouveaux quartiers laissent de la place pour les terrains vagues, à l'emplacement de l'actuelle place des Carmes, ou les prés, pré Montardy (aujourd'hui rue Montardy). Les artisans aux métiers incommodants travaillent un peu à l'écart : les tanneurs, place Mage, les potiers derrière la place Saint-Georges. Le faubourg Saint-Michel accueille des pêcheurs et des jardiniers. Sur la rive gauche, à Saint-Cyprien, apparaissent de nouveaux casaux et plusieurs hôpitaux près du Pont-Vieux, qui enjambe la Garonne dès 1152, et du Pont de la Daurade, plus en aval, en usage à partir des années 1180.

Pont de la Daurade ou Pont-Couvert bâti entre 1153 et 1179. Détail de la civitas Tholosa *de Nicolas Bertrand (1515). AMT.*

Au nord de la vieille ville romaine, éclôt le faubourg Saint-Sernin. Ce quartier ecclésiastique et aristocratique est entouré d'une vaste enceinte dont le tracé épouse peut-être la ligne des boulevards actuels de Strasbourg, d'Arcole, de Lascrosses et Duportal. Ses fortifications de terre sont ouvertes par plusieurs tours-portes, comme la porte de Pouzonville, ou la porte Arnaud-Bernard, au nord. À l'intérieur de l'enceinte, le faubourg s'organise autour du noyau central du claustrum.

La construction de la porte Pouzonville est réalisée à l'instigation des capitouls de 1440-1441. Sur les remparts, l'archange saint Michel, protecteur des rois de France, et Saturnin, protecteur ou symbole de la Ville. Annales *de Toulouse (1440-1441). AMT.*

Saint-Sernin.
Saint Augustin donnant sa règle.
Peinture murale (XIIe siècle),
autrefois dans le cloître,
transférée dans le bras nord
du transept.

« C'est le premier édifice roman qui m'ait donné une profonde sensation de beauté... J'y passe deux heures, recevant des sensations par tous les pores. »
Stendhal,
mars 1838.

Cet enclos bordé par les hautes tours des notables abrite la masse imposante de la basilique et de ses bâtiments parmi lesquels figure l'hôpital Saint-Raimond où affluent les malades, les pauvres et les pèlerins. Les commerçants se retrouvent place du *claustrum* et en bordure de la Garonne. Le fleuve, riche en saumons, truites et anguilles, connaît sur ses berges une vie animée. Des moulins de rive se dressent du Bazacle, au nord, à l'entrée de la Garonnette au sud, où sont débarqués, port Saint-Antoine, le bois et les pierres des Pyrénées.

La silhouette des tours appartenant aux riches chevaliers domine la ville. La tour Maurand dresse encore aujourd'hui ses murs austères à l'angle de la rue du Taur et de la rue du Périgord.

Mais ce sont surtout les chantiers des églises qui animent les rues et modifient le paysage. Autour de Saint-Sernin on entend le marteau des sculpteurs et le charroi des matériaux, mobilisés dans l'édification de l'église. Le gigantisme de son transept et de ses vaisseaux semble refléter le caractère indépendant de ses chanoines. Lorsque le pape Urbain II consacre la basilique en 1096, le chevet, le transept et le premier étage du clocher, ainsi que que les parties inférieures des vaisseaux et du massif occidental (opposé au chœur) sont déjà achevés. C'est le sculpteur Bernard Gilduin qui signe le maître-autel consacré ; la porte Miègeville, premier tympan historié du

Entrée d'Urbain II à Toulouse. *En prédication pour la première croisade, le pape vient solliciter le comte de Toulouse Raimond IV pour qu'il soit l'un des chefs militaires de l'expédition. Peinture de Benjamin-Constant (1892 - 1900). Capitole, salle des Illustres.*

Languedoc, est mise en place vers 1115. Après une longue interruption, le chantier de la basilique reprendra au XIVe siècle. Depuis la démolition de Cluny, sous la Restauration, elle constitue la plus grande église romane d'Europe.

À Saint-Étienne, à la place de l'actuelle cathédrale gothique, l'évêque Isarn a appelé de ses vœux une cathédrale romane. Son cloître, détruit en 1799, rappelle celui de Moissac, de même que celui du prieuré de la Daurade, disparu lui aussi. Au début du XIIe siècle, Gilabert, le plus grand sculpteur roman de Toulouse, y travaillera aux bas-reliefs d'apôtres du portail de la salle capitulaire, exposés aujourd'hui au musée des Augustins. Saint-Pierre-des-Cuisines, rue Valade, devenue prieuré de Moissac en 1064, subit aussi des transformations avec un sanctuaire en demi-cercle greffé sur un chœur carré.

Saint-Sernin. Table d'autel (détail) consacrée par le pape Urbain II en 1096. Elle porte une longue inscription terminée par la signature : Bernardus Geldvinus me fecit *(Bernard Gilduin m'a fait).*

Chapiteau du cloître de la cathédrale Saint-Étienne (XIIe *siècle*).
La décollation de saint Jean Baptiste. L'âme de Jean-Baptiste, figurée par un petit enfant nu, s'échappe de son corps et est accueillie par Dieu. MA.

Chapiteau du cloître de la cathédrale Saint-Étienne (XIIe siècle). Histoire de sainte Marie l'Égyptienne. Le moine Zozime trouve Marie morte, figurée en « femme sauvage », le haut du corps couvert de poils longs. Il l'ensevelit dans une tombe creusée par un lion. MA.

Guillaume IX, duc d'Aquitaine, comte de Toulouse (XIIe siècle). BNF.

« Ma parole sera pur néant :
rien de moi, rien d'autrui,
ni amour ni jeunesse,
rien du tout,
cela fut trouvé
en dormant à cheval.

Guillaume d'Aquitaine, La Contraclau (La Contre-clé).

Premières libertés

Les comtes, dont le pouvoir s'étend depuis 1018 aux territoires provençaux à l'ouest du Rhône et au nord de la Durance, ont entrepris de donner une unité politique à leur domaine. Succédant à son frère aîné Guillaume IV, Raimond IV, dit Raimond de Saint-Gilles (1093-1105), commence à placer sous son autorité les biens patrimoniaux de la dynastie toulousaine mais, en 1096, il part pour la première croisade. Il parvient jusqu'à Jérusalem, où il s'efface devant Godefroi de Bouillon, et meurt en 1105 durant le siège de Tripoli.

L'administration du comté est passée entre temps aux mains de son fils Bertrand qui récupère Toulouse en 1100, après trois ans d'occupation par Guillaume IX d'Aquitaine. En 1112, Bertrand meurt en Orient, où il avait rejoint son père. Le comté échoit à un enfant, Alfonse, né pendant la première croisade et baptisé dans le Jourdain. Guillaume reprend Toulouse en 1114 et pousse Alfonse Jourdain à se réfugier dans ses domaines du Rhône.

En 1120, les Toulousains vont délivrer leur « seigneur naturel » assiégié à Orange par les Catalans. Lorsque Alfonse arrive à Toulouse, le pouvoir comtal a déjà été sérieusement entamé par l'Église et les chevaliers. Le fier quartier Saint-Sernin possède ainsi deux fours à chaux, l'un pour l'hôpital Saint-Raimond, l'autre pour les chanoines. Quant aux chevaliers, ils se transmettent certaines fonctions de père en fils, comme celles de viguier, charge d'officier qui rend la justice au nom du comte, et constituent un dangereux contrepouvoir. Impôt direct et indirect, armée, justice, monnaie restent cependant à la discrétion du comte.

Alfonse Jourdain fait souffler un vent de liberté sur Toulouse. Ses largesses profitent tant aux églises qu'à la ville. Il lance la construction d'un nouveau pont, le pont de la Daurade. Une « sauveté » voit le jour où les taxes sont allégées pour les nouveaux arrivants. C'est la fin du banvin, qui donne au comte le droit de vendre avant les autres le vin de ses vignes, du 8 septembre à la Toussaint, et l'assouplissement du monopole sur le sel.

En 1147, à la veille de son départ en croisade, le comte prend une mesure d'une importance capitale dans l'histoire des libertés toulousaines. Il renonce à lever sur les Toulousains la « tolte » et la « queste », ces impôts directs à connotation servile. Il exempte aussi les chevaliers du service militaire à cheval, la cavalcade, en dehors du pays toulousain. L'esprit chrétien dicte sans doute les actes du « bon comte » qui meurt en Terre Sainte en 1147. Mais ses desseins sont aussi politiques. Il doit pouvoir compter sur Toulouse et ses forces militaires face au péril aquitain. Aussi tient-il à s'assurer de son unité et de sa fidélité.

L'année 1152 marque un nouveau tournant dans l'histoire de la ville. Pour la première fois, un texte mentionne un « commun conseil de la Cité et du faubourg », qui donne officiellement naissance à une institution typiquement toulousaine : le capitoulat. Ses douze membres, appelés plus tard « capitouls », car ils tiennent chapître (c'est-à-dire conseil), possèdent d'abord des prérogatives judiciaires. Ils font subir aux accusés des épreuves pour le moins rudes : eau bouillante, fer incandescent, duel judiciaire... Ces hommes de loi, avant tout hommes de terrain, proviennent pour moitié de la Cité, et pour moitié du Bourg.

Contrairement à son père Alfonse, Raimond V (1148-1194) veille sur ses droits avec un soin jaloux et surveille de près les capitouls. Les Toulousains se voient cependant accorder la responsabilité de l'écoulement des eaux de la Cité.

Le XIIe siècle reste un siècle de paix pour Toulouse, assiégée mais toujours en vain. En 1159, Raimond V, tout à la défense de la Provence et à la lutte contre les Catalans, doit sauver Toulouse d'une attaque des Aquitains avec le concours de

Cartulaire de la Cité (détail) réalisé par le notaire Guilhem Bernard (1205). Dans le registre supérieur est figuré en position de majesté le comte de Toulouse, certainement Alfonse Jourdain, auteur du premier acte du cartulaire. Au centre, le viguier du comte, son officier de justice. Au registre inférieur, un représentant de la communauté de la Cité. AMT.

Sceau du comte Raimond VI (1222), excommunié comme rebelle au pape.

son beau-frère, le roi de France Louis VII. Les capitouls trouvent alors dans le roi un nouvel interlocuteur : ils l'appellent à l'aide en 1164 après une nouvelle attaque aquitaine menée en l'absence du comte. Un an plus tard, ils « offrent » même Toulouse au roi de France. « Toulouse est à vous », écrivent-ils, en blâmant leur seigneur direct d'avoir répudié son épouse, Constance. Les longues absences de Raimond V ont permis aux Toulousains de s'émanciper malgré ses tentatives de reprise en main. En janvier 1189, dans l'église Saint-Pierre-des-Cuisines, le comte est obligé de signer un véritable traité de paix avec les douze consuls, qui consacre leur autonomie.

Sous le nouveau comte Raimond VI (1194-1222), la « république toulousaine » connaît son âge d'or, selon les mots de l'historien Philippe Wolff. La cité en pleine croissance est administrée par vingt-quatre capitouls élus pour un an par les différents quartiers de la Cité et du Bourg. Ceux-ci peuvent rendre des ordonnances, les établissements, ainsi que la justice ; il est aussi de leur ressort de percevoir des taxes et de lever une milice pour défendre la ville.

Le pouvoir des consuls toulousains s'étend à tous les domaines de la vie de la cité. Ainsi chassent-ils les prostituées de la rue de Comminges, à la demande d'un notable. Ils vont faire construire contre le « mur sarrasin » une maison commune, le futur Capitole, à la charnière de la Cité et du Bourg, scellant ainsi l'union des deux parties de la ville. En 1204, ils rédigent deux recueils d'actes municipaux, les cartulaires, l'un pour la Cité, l'autre pour le Bourg, dans lesquels sont inscrites les décisions qui feront date dans l'histoire de la ville. Ils possèdent même leur sceau urbain, au moins en 1211. Le très fortuné Pons de Capdenier, originaire de Labastide-Saint-Sernin, au nord de Toulouse, représente un nouveau type de capitouls, dont l'arrivée en 1202-1203 se solde par la mise à l'écart de la vieille aristocratie.

À la fin du XIIe siècle, l'église Saint-Pierre-des-Cuisines, cadre d'importantes rencontres touchant aux privilèges de la municipalité toulousaine, est plusieurs fois citée dans les textes. Ici vue partielle de la fouille du cimetière paroissial, à l'est de l'église. La grande densité des sépultures témoigne de la longue durée de ce lieu d'inhumation, du IVe au XVIIIe siècle.

Cartulaire du Bourg de Toulouse (détail) réalisé par le notaire Guilhem Bernard (1205). Le personnage figuré ici est peut-être une représentation d'un consul du Bourg. AMT.

Défaite d'Henri Plantagenêt sous les murs de Toulouse. Henri II Plantagenêt, comte d'Anjou et du Maine, duc de Normandie, roi d'Angleterre, maître d'un État allant des Pyrénées à l'Écosse, tente de s'emparer de Toulouse en 1159, après avoir fait alliance avec le comte de Barcelone. Heureusement, le roi Louis VII vole au secours de la ville, poussant Henri II à la retraite. Dessin d'Antoine Rivalz (1667-1735). MPD.

Les cathares étaient appelés « Ketter » en Allemagne et « catiers » en France du Nord, ce qui veut dire « chatiste » : ils étaient censés adorer le diable sous la forme du chat. Le culte du chat d'après la « Bible moralisée ». Miniature du XIIIe siècle. BNF.

À partir de 1209, une croisade prenant pour cible les cathares va mettre le Languedoc à feu et à sang. Elle durera 20 ans. Dès le milieu du XIIe siècle, la « république toulousaine » et le comté de Toulouse ont vu progresser plusieurs dissidences chrétiennes. Quand il vient prêcher en pays toulousain contre la « secte » d'Henri de Lausanne, Bernard de Clairvaux, le futur saint Bernard, apprend l'existence d'autres hérétiques, appelés plus tard cathares, bien que ce terme n'ait jamais été d'usage à l'époque.

Ces dissidents chrétiens, apparus en plusieurs points de la chrétienté occidentale, pensent être les seuls à avoir une interprétation correcte des Écritures. Les « bons hommes », comme on les appelle, revendiquent une tradition apostolique s'inspirant du modèle de l'Église des premiers temps et refusent les institutions et les sacrements reconnus par l'Église romaine. Ils sont persuadés de la nature foncièrement mauvaise de la chair et du monde sensible. Ils pensent aussi que les âmes passent de corps en corps chez les hommes et les animaux à sang chaud. Ils font leur prédication en langue d'oc, ce qui favorise leur intimité avec les croyants. Ceux qui ont été convaincus reçoivent le *consolament*. Ce baptême de l'esprit par imposition des mains, seul sacrement que les cathares acceptent, donne accès au statut de « chrétiens », en quête constante de perfection.

Vers 1200, Toulouse compte près d'un millier de cathares. On trouve parmi eux les grandes familles de la vieille aristocratie, comme les Rouaix, les Villeneuve ou les Maurand, mais en fait, l'hérésie a gagné toutes les strates de la société. Face à elle, l'Église a d'abord opposé la prédication de ses moines intellectuels, les cisterciens, chargés d'obtenir aveux et rétractations. Pierre Maurand, condamné en 1179 par

*En 1215, au concile du Latran, Innocent III réorganise à sa main la chrétienté occidentale. La « Canso » (*La Chanson de la croisade*), XIIIe siècle. BNF.*

« C'est une religion chrétienne qui repose essentiellement sur la Bible et possède une structure ecclésiale et des rites très voisins de la grande Église. Mais pour cette dernière, c'est l'Hérésie par excellence, car on y retrouve presque toutes les déviances qui, avant le concile de Nicée au IVe siècle, ont à l'intérieur de la grande Église interprété à leur manière la Révélation chrétienne et surtout le dualisme.

L'Église officielle était menacée par cette hérésie de deux manières. La dialectique cathare, basée sur une exégèse très poussée de l'Écriture alliée à des raisonnements d'apparent bon sens, bénéficiait d'une espèce d'assentiment général, qu'il était difficile de combattre à coups d'anathèmes ou de calomnies grossières (adoration du diable). Tant la rigueur de la règle pour les parfaits que son laxisme à l'égard des simples croyants lui donnaient la faveur des classes dirigeantes, habituées à se donner à une abbaye à leur heure dernière.

*La lutte politique était assurée du succès si elle faisait disparaître l'Église cathare en éliminant ses membres, ceux qu'on appelait les « parfaits », détenteurs de l'unique sacrement, le « consolement » (*consolamentum*). La croisade contre les « albigeois » en brûla plusieurs centaines à Minerve, Lavaur, Les Cassès, Labécède. Les parfaits se replièrent alors dans des places de sûreté, derniers retranchements vers lesquels l'Église avait peut-être tout intérêt à les pousser. Eurent lieu alors les « holocaustes agréables au Seigneur » dont parle un moine de Champagne : cent quatre-vingt-neuf brûlés à Mont-Aimé en Champagne en 1239, plus de deux cents à Montségur en 1244, environ deux cents à Vérone en 1278, pris pour la plupart à Sirmione sur le lac de Garde en 1276, où avaient longtemps cohabité deux Églises italiennes et les restes des Églises de France et du Midi. Il subsista un petit noyau ecclésial à Visone, près d'Acqui en Piémont, d'où partit un vaste mouvement de reconquête du Midi en 1300. Mais avant 1315, les douze derniers parfaits de Languedoc périrent sur le bûcher ; les Italiens furent contraints d'aller chercher le sacrement salvateur en Bosnie. »*

Jean Duvernoy

Rituel de Lyon *(XIIIe siècle).*
Il s'agit du seul manuscrit cathare enluminé qui soit parvenu jusqu'à nous.
BML.

le légat du pape Henri de Marcy, doit faire le tour des églises de la Cité et du Bourg tous les dimanches en se flagellant, torse nu. Puis il part en pèlerinage en Terre Sainte. Les parfaits Bernard Raimond et Raimond de Baimiac abjurent en 1184, ce qui leur vaut une charge de chanoine à Saint-Étienne et à Saint-Sernin. En 1203, une ultime légation papale obtient des Toulousains le serment de fidélité à l'orthodoxie sous réserve que les personnes ayant prêté serment ne pourraient plus être accusées pour leurs erreurs passées. Les consuls et le commun conseil y ajoutent en mars 1205 un édit selon lequel aucun citoyen ne peut être accusé d'hérésie après sa mort à moins d'avoir été parfait ou « consolé » à sa mort.

Dès l'année suivante, le cistercien Foulque, connu pour son intolérance, devient évêque de Toulouse. En 1208, le meurtre du légat du pape, Pierre de Castelnau, par un écuyer du comte de Toulouse donne à Innocent III

La Muraille de Toulouse. *Vaste composition mettant en scène la défense de la ville contre les armées croisées de Simon de Montfort. Peinture de Jean-Paul Laurens, (1895). Capitole, salle des Illustres.*

l'occasion de lancer sa croisade contre le Languedoc cathare et contre Raimond VI, soupçonné d'avoir commandité cet acte. Foulque fait pleuvoir tour à tour sur le comte et les Toulousains anathèmes et absolutions. En 1210, la ville est au bord de la guerre civile : l'évêque s'en prend aux usuriers toulousains et crée une « confrérie blanche » de la Cité qui affronte dans les rues la « confrérie noire » du Bourg.

Un an plus tard, Simon de Montfort, rude seigneur honni des Toulousains, attaque le pays en assiégeant Lavaur. En dépit des secours dépêchés par Raimond VI, la châtelaine de la ville, Dame Guiraude, est jetée dans un puits que l'on rebouche avec des pierres, son frère Aimery de Montréal est pendu, les nobles massacrés, et trois cents cathares brûlés. En 1213, la bataille de Muret où périt Pierre II d'Aragon, allié et beau-frère de Raimond VI, ouvre à Simon de Montfort les portes de Toulouse.

Simon de Montfort, représenté ici dans un des vitraux de la cathédrale de Chartres (1210). Sur ses armoiries, le lion d'argent dressé sur fond de gueules des Montfort.

Toulouse contre Montfort. *« Montfort est mort. Viva Tolosa ! » : l'allégorie représente l'agneau du Languedoc terrassant le lion. Peinture de Jean-Paul Laurens (1899). Capitole, salle des Illustres.*

Simon entre pour la première fois dans la ville en juin 1215 et il est reconnu comte six mois plus tard. Sa présence se fait durement sentir : il s'en prend aux murailles de l'enceinte, aux tours des seigneurs, aux maisons des notables. Parallèlement, il fortifie le Château Narbonnais où une porte percée dans le mur est lui ménage un accès immédiat à sa « base ». Puis il repart pour le Nord. Pendant ce temps, Raimond VI et son fils, « le comte jeune », sont accueillis avec enthousiasme en Provence. Simon de Montfort va en découdre avec les Toulousains. La ville se révolte une première fois de juin à septembre 1216. Un an plus tard, Raimond VI profite de l'absence de Simon pour entrer dans la ville par le gué du Bazacle, à la faveur du brouillard. Les Français restés sur place sont massacrés, les fortifications aussitôt relevées et la ville protégée d'une enceinte unique. Simon de Montfort est tué lors d'une ultime tentative de reconquête, le 25 juin 1218. Il tombe sous la porte Montoulieu, atteint par une pierre lancée, dit-on, par un groupe de femmes du Bourg de Saint-Sernin.

Pendant ces temps difficiles, les Toulousains ont fait corps derrière leur comte. Les vieilles familles toulousaines ne sont plus écartées du pouvoir. Certains habitants n'ont pas hésité à s'endetter pour défendre la ville. En « remerciement », Raimond VI supprime les taxes et les péages dans son comté. Raimond VII, qui lui succède en 1222, accorde de plus en plus de liberté aux consuls et n'intervient plus dans la désignation des membres du capitoulat.

« Et vint tout droit la pierre où il fallait
Et frappa le comte sur le heaume d'acier
Si bien que les yeux, la cervelle et les dents du fond,
Le front et la mâchoire lui fit éclater
Et le comte tomba à terre mort, sanglant et noir. »

La Chanson de la Croisade *(trad. C. Cau).*

Le rappel à l'ordre

Cérémonie expiatoire accompagnant le traité de Paris. En présence du roi Louis IX, le comte Raimond VII reçoit l'absolution des mains du cardinal Romain de Saint-Ange, légat pontifical, qui le frappe de sa baguette de grand pénitencier. Miniature des commentaires des « coutumes de Toulouse » (1296). BNF.

En 1226, la donne change. Les Méridionaux battent en retraite face à l'armée du roi de France auquel Amaury de Montfort (le fils de Simon) a cédé l'ensemble de ses droits dans la région. Au cours de cette nouvelle croisade, menée par Louis VIII en personne, l'armée royale dévaste vignes, maisons et bordes. Les Toulousains, toujours protégés par leurs murailles, se voient affamés. Poussé par la vieille aristocratie, Raimond VII capitule : il souscrit au traité de Meaux-Paris, le 12 avril 1229, et fait pénitence sur le parvis de la cathédrale Notre-Dame de Paris.

Toulouse et son comte sont touchés au cœur. Les possessions de Raimond VII, diminuées de la Provence, sont réduites à Toulouse et aux régions voisines. On lui prend sa fille Jeanne, qui deviendra l'épouse d'Alfonse de Poitiers. Les murailles de la ville sont de nouveau abattues, le Château Narbonnais, siège du pouvoir comtal, occupé par le roi. Le traité prévoit la création d'une Université,

Le pape donne ses instructions aux dominicains pour la répression des cathares. Miniature du XIVe *siècle.* BSG.

Création de l'Université de Toulouse

Le traité de Meaux-Paris contient en germe le rattachement du Languedoc à la couronne de France. ANF.

La croisade prend fin en 1229 par le traité de Paris ou de Meaux, qui consacre l'union du comté de Toulouse à la monarchie par le mariage de l'unique fille de Raimond VII, Jeanne, à Alfonse de Poitiers, frère de saint Louis, roi de France. Dans les clauses financières de la capitulation, figure la fondation de l'Université de Toulouse, créée au titre des dommages de guerre et « pour introduire à Toulouse l'enseignement de la foi et extirper l'hérésie », selon l'expression du chroniqueur Guillaume Pelhisson. Ce foyer de la culture orthodoxe, le Studium generale, *est créé par quatorze professeurs, quatre maîtres de théologie, deux décrétistes, six maîtres ès arts et deux en grammaire, dont Jean de Garlande, ami et disciple de Roger Bacon, qui aurait rédigé l'appel lancé, en 1230, aux étudiants de tous pays les invitant à venir à Toulouse « où coulent le lait et le miel, où verdoient les riches prairies, où les arbres fruitiers étalent leurs feuillages, où Bacchus règne dans les vignes, où Cérès règne dans les champs..., où pour peu l'on a le vin, pour peu l'on a le pain, pour peu l'on a la viande et pour peu le poisson ». Cet appel, qui abonde en lieux communs, révèle l'état d'esprit d'un universitaire parisien qui arrive à Toulouse. Pour lui, les Toulousains sont des «* hereticales *», des gens épouvantables !*

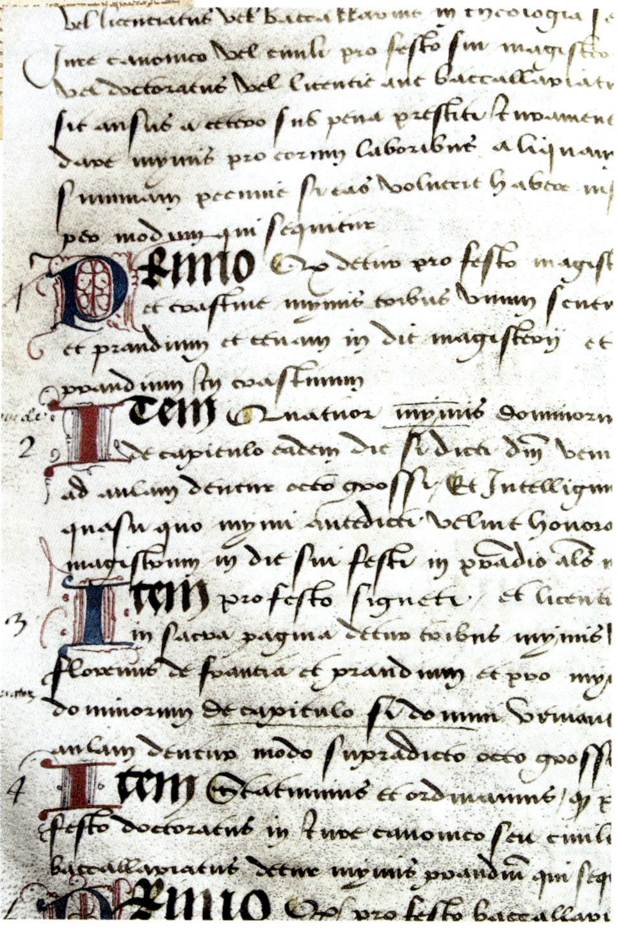

Statuts de l'Université de Toulouse (XIVe - XVIe siècles). BU *de Toulouse-I (réserve).*

pour porter le fer contre le catharisme. Des maîtres de grand renom dépêchés de Paris, tels le grammairien Jean de Garlande et le théologien dominicain Roland de Crémone, se rendent à Toulouse. Leur activisme leur vaut l'hostilité des habitants et les contraint à quitter la ville.

En 1233-1234, les tribunaux extraordinaires d'Inquisition voient le jour à l'initiative du pape Grégoire IX. Les ordres mendiants, et principalement l'ordre des Frères prêcheurs, fondé par Dominique de Guzman, présent en Languedoc depuis 1207, se voient confier cette instance d'exception qui compte aussi des franciscains et des clercs séculiers. Dans leur zèle, les dominicains, installés depuis peu aux Jacobins, vont jusqu'à s'en prendre à des cathares morts qu'ils souhaitent déterrer et brûler, s'attirant l'hostilité de la population, discrètement soutenue par les capitouls. D'abord prisonniers dans leur couvent, les frères sont chassés et reviennent à Toulouse en 1236, grâce à l'intervention du pape. La confession de l'ancien parfait Raimond Gros leur fournit des suspects en grand nombre.

Suspendue un temps, l'Inquisition reprend en 1241 avec son lot de dénonciations, d'arrestations et d'interrogatoires. Au cours de ces années noires, les cathares sont condamnés à des peines de pénitence (port d'une croix sur les vêtements, pèlerinages, amendes), à la prison (le « mur ») à perpétuité ou provisoire, à la confiscation de leurs biens, à l'excommunication ou, sanction suprême, à la remise au bras séculier, c'est-à-dire à la mort sur le bûcher. Les plus chanceux gagnent le nid d'aigle de Montségur, citadelle restée fidèle à l'hérésie. L'assassinat en 1242 de deux inquisiteurs par un groupe d'hommes de Montségur accentue la répression. Les Toulousains sont « fichés », la ville et sa région surveillées.

« Effectué par les hommes de Montségur, il [le massacre des inquisiteurs] fut dirigé par le bayle et parent du comte, Raimond d'Alfaro. On a voulu en disculper Raimond VII, sur la foi de ses dénégations, mais aussi en considération des conséquences néfastes qu'entraîna pour lui cet épisode ainsi que des châtiments subis par les auteurs du massacre. Il faut cependant constater que Raimond d'Alfaro continua à bénéficier de la faveur du comte. ».

Jérôme Villeminoz
Raimond VII de Toulouse et la paix de Paris (1229-1249).

Le massacre des inquisiteurs (détail), le 28 mai 1242, à Avignonet. Peinture de J. Dayssac (1703). Notre-Dame-des-Miracles, Avignonet.

L'histoire d'amour du comte et des Toulousains est terminée. Raimond VII, auquel profitent les confiscations pour hérésie, tente de recouvrer de l'autorité sur la cité au détriment des capitouls, dont il réduit le nombre à douze. Les frustrations s'accumulent parmi ceux qui sont écartés du pouvoir, et perdurent avec Alfonse de Poitiers, comte lointain qui ne fait que deux courtes haltes à Toulouse.

Celui qui a pris la succession de Raimond VII en 1249 administre Toulouse depuis Paris. Sur place, ses officiers de justice, le viguier et le sénéchal, favorisent l'expression de la population face aux vieilles familles représentées par les capitouls. Toulouse est désormais prête pour son intégration à la Couronne. Les Toulousains, sous le choc de la croisade et de l'Inquisition que le « prince régisseur » continue à soutenir, ont tôt fait d'oublier leurs comtes. Ils acceptent globalement les « Français », leur monnaie est alignée sur celle de Tours, et leur vie ressemble désormais à celle des sujets du roi.

L'Agitateur du Languedoc. *La scène du jugement : le moine, vêtu de la bure franciscaine, lève un bras vengeur vers ceux qui l'accusent. Au premier rang, au centre, on reconnaît le grand inquisiteur.*

Personnalité centrale du franciscanisme languedocien au début du XIVe *siècle, Bernard Délicieux, prêtre et prédicateur hors du commun luttera ouvertement contre l'Inquisition, qu'il accuse de créer des procès de sorcières afin de prendre les biens des accusés. Convaincu de trahison et d'entrave au fonctionnement de l'Inquisition, il est condamné au Mur strict en décembre 1319 et meurt peu après. Peinture de Jean-Paul Laurens* (1887). *MA.*

Du XI*e au* XIII*e siècle, l'occitan est la langue des troubadours, chantres de l'amour, du plaisir et de la douleur d'aimer. Le faste de la cour de Raimond V puis de Raimond VI séduit nombre de poètes, dont certains sont d'origine toulousaine. Parmi eux, figure le grand voyageur Peire Vidal. Ce fils d'un marchand de fourrures passe peu de temps dans sa ville natale. Il est exilé jusqu'en Palestine par Raimond V, pour avoir volé un baiser à sa maîtresse, Na Vierna d'Anduze. Après son retour en grâce, il séjourne en Angleterre auprès de Richard II, en Provence, en Hongrie, en Italie, à Malte. Ses* cansos *(plaintes amoureuses) et ses* sirventès *(satires) font la part belle à ses exploits amoureux. Aimeric de Péguilhan, fils d'un drapier, défraye la chronique en frappant d'un coup d'épée le mari d'une voisine dont il était épris. Il s'exile alors en Catalogne puis se fait présenter au roi Alfonse VIII de Castille. Il fait ses débuts comme troubadour à Toulouse sous la protection d'Éléonore, la femme de Raimond VI, avant de gagner l'Italie vers 1212 où il meurt vers 1250 en état d'hérésie. Guilhem Figueira, tailleur d'habits à Toulouse et troubadour avant la croisade albigeoise, gagne le royaume de Naples vers 1220. Il était peut-être cathare, ou bien partisan du comte de Toulouse. Dans un célèbre* sirventès, Roma trichairitz, *« Rome la tricheuse », il s'en prend violemment au clergé, responsable selon lui des malheurs de Toulouse.*

Peire Vidal. Chansonnier provençal (XIII*e siècle). BNF.*

« Le bon secours ne me viendra que d'elle
Ils m'ont tué
Les mains unies je viendrai devant elle
Ils m'ont tué
Je la prierai tant qu'elle soit disposée à
m'accorder au moins un doux baiser
Ils m'ont tué
Les doux airs de ma dame
Et ses beaux yeux pleins d'amour et de flamme.

Son corps est blanc comme le lys en neige
Ils m'ont tué
Et rose en mai son teint m'a pris au piège
Ils m'ont tué
Ses cheveux blonds sont comme l'or précieux
Plus beaux encor que sauraient voir mes yeux
Ils m'ont tué
Les doux airs de ma dame
Et ses beaux yeux pleins d'amour et de flamme.

Jamais le ciel ne fit telle merveille
Ils m'ont tué
Jamais le ciel n'en permit de pareille
Ils m'ont tué
Amant fidèle autant que je vivrai
Je veux mourir de ne point l'approcher
Ils m'ont tué
Les doux airs de ma dame
Et ses beaux yeux pleins d'amour et de flamme. »

Le bon secours,
*anonyme (*XII*e siècle),*
traduit de l'occitan par Henri Gougaud.

TOULOUSE, VILLE DES ROIS
XIIIe-XVe siècle

À la mort d'Alfonse de Poitiers et de Jeanne de Toulouse en 1271, Philippe III le Hardi envoie à Toulouse le sénéchal de Carcassonne prendre possession du comté.

Symbole du pouvoir monarchique, le Château Narbonnais et ses environs sont investis par les fonctionnaires et les services royaux. La trésorerie et la monnaie se concentrent place du Salin. Les vieux remparts romains sont doublés d'un mur de briques adossé au Château, qui court jusqu'à la porte Montgaillard. On y trouve la sénéchaussée, la viguerie et la prison des Emmurats, où sera enfermé le maréchal de Lattre de Tassigny sous l'occupation allemande, en 1942.

Au premier plan, le pont de Tounis en construction. Emporté en 1413, le pont qui permet de relier la rive droite de la Garonne et l'île de Tounis est reconstruit en brique en 1415. L'année 1516-1517 voit la construction de trois arches permettant d'enjamber la Garonnette. Au second plan, les remparts et les hôtels particuliers du capitoulat de la Dalbade, au fond, les tours du Château Narbonnais, au centre, le pont de bois des moulins du Château. Annales *de Toulouse (1516-1517). AMT.*

Le roi ne manque pas de se rendre dans sa « bonne ville » où le représentent son sénéchal et son viguier. Le sénéchal est nommé par le lieutenant général du roi en Languedoc et il en exerce les fonctions dans une juridiction aux vastes contours. Les justiciables des grandes cours seigneuriales font parvenir leurs appels au Château Narbonnais auprès de son lieutenant, le « juge mage ». Les dépendances du Château sont aussi occupées par le viguier qui règle toutes les questions que lui confie le roi. Toulouse fourmille de sergents royaux, de notaires, d'huissiers. Très tôt, les « cadres de l'administration » sont choisis dans le Midi.

En corollaire, les capitouls s'effacent peu à peu devant la toute-puissance royale. Passant de vingt-quatre en 1222 à ... huit à partir de 1438 (six pour la Cité, deux pour le Bourg), ils sont assignés aux tâches peu plaisantes de gestion de la ville : l'ordre public, la voirie, le ravitaillement, la réglementation des métiers... En contrepartie, ils représentent Toulouse aux États de Languedoc et c'est à eux qu'il incombe d'accueillir le roi. Leurs portraits figurent au milieu d'enluminures sur le vélin du *Livre des Annales* de la cité, où ils paraissent, vêtus de leur manteau de drap rouge et noir, prérogative qu'ils partagent avec les Doges de Venise. Honneur ultime : à partir de 1420, ils pourront prétendre à la noblesse de robe.

Blason de la royauté et Armes de Toulouse. Ordonnance du Sénéchal réglant un différend entre viguier et capitouls au sujet des élections municipales de 1402. Livre blanc *de la maison commune ou cartulaire contenant une transcription des principaux titres qui composent les archives de l'Hôtel de Ville de Toulouse (1141- 1556).* AMT.

Le corps capitulaire de 1369 - 1370.
Les douze capitouls sont présents : huit pour les capitoulats de la Cité,

Toulouse, quatrième ville du royaume

De 1271 à 1340, Toulouse connaît une période de prospérité grâce à l'intensification de ses échanges commerciaux. Fondées par des moines cisterciens, la bastide de l'Étoile, rue du même nom, et la bastide Saint-Bernard, entre la rue de la Balance et la rue Roquelaine, s'installent aux portes de la ville. Des immigrants s'y voient céder des parcelles, sous un même cens, où ils sont obligés de construire dans un certain délai. Relié à la cité par quatre ponts — le pont de Comminges, le Pont-Vieux, les ponts de la Daurade et du Bazacle —, le faubourg Saint-Cyprien connaît une remarquable expansion. Au milieu du XIVe siècle, Toulouse est la quatrième ville du royaume et compte près de 40 000 habitants. La Couronne fournit des emplois à ses élites, exerce moins de pression fiscale sur les plus pauvres, et assure une justice plus humaine.

Avec la mort du parfait Pierre Authié, brûlé devant la cathédrale de Toulouse en 1309, le catharisme a vécu ses dernières heures. La répression de l'hérésie a été un « succès » : les bourgeois toulousains feront montre d'une orthodoxie sans faille.

L'école gothique va alors donner à la ville des nefs élancées propices à la prédication, des cloîtres gracieux, des murs nus réchauffés par la brique, des clochers aux ouvertures angulaires. De l'église des Franciscains (Cordeliers), il reste la belle salle capitulaire accessible par la rue des Lois et le clocher, rue du Collège-de-Foix. Les chefs-d'œuvre sculptés de la chapelle de Rieux, qui était appuyée contre son chevet, sont conservés au musée des Augustins. Aucune trace ne subsiste, hélas, de l'église et du couvent des Carmes, près du ghetto juif. Le vaisseau unique de l'église des Augustins est bâti à grand peine tandis que les querelles de clocher font rage entre les chanoines de Saint-Étienne et leurs nouveaux concurrents. Des travaux sont entrepris à la cathédrale par l'évêque Bertrand de L'Isle-Jourdain, selon le modèle du gothique rayonnant d'Île-de-France, qui sont interrompus, faute de moyens.

Vers 1330, apparaît à Toulouse un style nouveau : celui du maître ou de l'atelier dit de Rieux, qui réalisa les statues de la chapelle de Rieux. Originaire de Cahors et cordelier à Toulouse, Jean Tissandier est nommé par Jean XXII évêque de Rieux-Volvestre et bibliothécaire du palais d'Avignon. Il présente ici la maquette de sa chapelle, démolie au XIXe siècle. MA.

Mais le fleuron de l'art gothique méridional reste sans conteste les Jacobins, issus d'un chantier qui durera de 1230 à 1340. Les élégants bâtiments conventuels, organisés autour d'un cloître à doubles colonnes de marbre et d'une vaste salle capitulaire, flanquent une église sévère à l'extérieur dépouillé. Ses allures de forteresse et son clocher octogonal semblent incarner le retour à l'orthodoxie, en contrepoint du nid d'aigle de Montségur. Son célèbre « palmier » s'ouvre avec grâce à 22 mètres de hauteur. En 1368, le pape Urbain V attribuera aux dominicains de Toulouse les reliques du théologien et philosophe saint Thomas d'Aquin. « ... cette église de Toulouse dépasse en beauté toutes les autres églises des Frères prêcheurs », écrira-t-il dans sa bulle pontificale.

De l'architecture privée demeurent deux témoignages remarquables du premier quart du XIVᵉ siècle. Au 10, rue Temponières, la tour des Vinhas, changeurs de leur état, superpose deux sous-sols et un rez-de-chaussée voûtés, puis quatre étages auxquels mène un escalier à vis.

L'église des Jacobins :
« Elle proclame le triomphe de l'orthodoxie sur l'hérésie, la toute-puissance de l'Inquisition dominicaine, la domination de l'Église sur la vie sociale, morale, intellectuelle, et aussi la victoire du roi dont les fleurs de lys se mêlent sur la pierre aux blasons prioraux ou épiscopaux. »
Henri Ramet,
Histoire de Toulouse, *1935.*

La maison gothique, 15, rue Croix-Baragnon, présente une façade percée de deux arcs surbaissés de boutiques. Au premier étage, on peut admirer côté rue cinq superbes baies géminées. S'y ajoutaient un ou deux niveaux en pans de bois.

Toulouse devient une ville de clercs. Elle accueille des chanoines, des chapelains, des prêtres, mais aussi des communautés de femmes de plus en plus nombreuses. Dans le quartier Saint-Cyprien s'implantent les bénédictines de la Daurade. Saint-Étienne et Saint-Sernin comptent désormais des chanoinesses. En 1304, d'anciennes prostituées, les « repenties », constituent l'essentiel des effectifs de l'abbaye ; elles seront progressivement rejointes par les jeunes filles de bonne famille. Les clarisses s'installent en périphérie, près de la porte Villeneuve, les augustines, près de la porte Neuve. Le 3 mai 1324, dans le verger de leur monastère, entre les allées Jean-Jaurès et la rue Gabriel-Péri, de nombreux troubadours se réunissent pour chanter l'amour courtois devant le Consistoire du Gai Savoir, créé par sept Toulousains amoureux de poésie occitane.

Quatre docteurs de l'Église : saint Jean Chrysostome, saint Augustin, saint Thomas d'Aquin et Bernard de Clervaux. Peinture de Bernard Bénézet (1880). Église des Jacobins

Balcon des Jeux floraux. (XVIIIe siècle) représentant une urne avec les trois fleurs du « Gay Sçavoir » : le souci (poésie légère), l'églantine (sujets variés) et la violette (genre noble).

La Première Séance solennelle des Jeux floraux, le 3 mai 1324. *Peinture de Jean-Paul Laurens (1912). Capitole, Grand escalier.*

Les Jeux floraux, placés sous l'égide de la légendaire Clémence Isaure, connaissent un succès tel que bientôt l'églantine et le souci s'ajoutent à la violette d'or qui récompense le premier prix. Leur tradition s'est perpétuée à travers les siècles.

La population ecclésiastique côtoie les maîtres et les étudiants de l'Université de Toulouse. Cette institution est organisée comme un corps autonome, à la tête duquel se trouve le chancelier chanoine de la cathédrale. L'Université se taille une belle réputation dans le droit romain, à l'instar de Bologne en Italie, et la renommée de ses docteurs n'a rien à envier à celle des professeurs italiens. Elle compte dans ses rangs d'illustres étudiants : les papes Jean XXII (1316-1334) et Urbain V (1362-1370), ainsi qu'un grand nombre de cardinaux.

Les marchands drapiers, les « sédiers », qui font le commerce de la soie, et les merciers occupent, avec les changeurs, une place de choix dans la société toulousaine. Ces derniers bénéficient de l'afflux des monnaies étrangères de l'Aquitaine anglaise et de la Catalogne, ainsi

Clémence Isaure

L'existence de Clémence Isaure est loin d'être prouvée. La légende veut que la mystérieuse bienfaitrice ait présidé aux premiers Jeux floraux. On trouve la première mention officielle de « Dame Clémence » dans les registres des archives communales de 1524. Elle aurait légué de quoi récompenser les meilleurs poètes de trois fleurs d'or et d'argent. Le gisant d'une noble dame du XVe siècle appartenant à une famille toulousaine enrichie dans le commerce du pastel, dont les armes portent des iris à cinq fleurs, est censé représenter « Dame Clémence ». Elle serait issue de l'illustre famille des Isaure. Cette thèse est accréditée en 1559 par un éminent juriste, Jean Bodin. La polémique sur l'existence de Dame Clémence ne cesse de faire rage au cours des siècles suivants, tandis que la littérature s'empare de son personnage. En 1789, le fabuliste Florian édulcore ainsi l'histoire de Clémence et lui invente un prétendant. Il entame cette version romantique par les vers suivants :

> *« À Toulouse, il fut une belle,*
> */ Clémence Isaure était son nom,*
> */ Le beau Lautrec pleura pour elle,*
> */ Et de sa foi reçut le don. »*

Maquette pour un monument à Clémence Isaure de Félicie de Fauveau (1845). De minuscules troubadours s'agrippent aux pans de la robe de Dame Clémence. MA.

que de l'instabilité monétaire de l'époque. La draperie toulousaine, vendue jusqu'en Catalogne, mobilise tisserands, paradoux (foulons) et gens à l'ouvroir (employés en ateliers ou chez eux). En 1322, plus de 150 bouchers proposent leur viande aux étals. On compte aussi un grand nombre d'artisans ducuir et du fer, de brassiers,portefaix et de vagabonds.

Cette ville foisonnante, à la population constamment enrichie par l'arrière-pays, connaît les ravages de l'eau et du feu. En 1281, à la veille de l'Ascension, près de 400 personnes trouvent la mort dans l'effondrement du Pont-Vieux où s'étaient pressés des centaines d'habitants pour assister à l'immersion de la croix. En 1298, la crue de printemps épargne seulement le pont de la Daurade. Un an auparavant, un incendie a réduit des centaines de maisons en cendres, de la Daurade au Bazacle.

La chronique de la ville est ponctuée d'événements de sinistre mémoire. Dans le cadre de la politique antisémite menée par Philippe le Bel à partir de 1306, la communauté juive de Toulouse est persécutée ; on procède à la confiscation et à la vente de ses biens, dont la synagogue. En 1320, des vagabonds illuminés, les « pastoureaux », relancent les persécutions. Arrêtés après le massacre de 152 juifs à Castelsarrasin, ils bénéficient du soutien de la population toulousaine qui les libère aux abords du Château Narbonnais.
Un an plus tard, le commandeur de la léproserie d'Arnaud-Bernard se fait accuser d'un bien étrange complot : les lépreux, dévoués au calife de Bagdad, empoisonneraient les puits et les fontaines avec une poudre fabriquée à Bordeaux...

La castration, une des scènes de la vie judiciaire toulousaine. Miniature des commentaires des « coutumes de Toulouse », promulguées par Philippe le Hardi en 1286. Arnaud Arpadelle, l'auteur de ces commentaires, est un des doctores Tholosani *qui, à la fin du* XIIIe *siècle, fondent la réputation de la Faculté de droit de Toulouse.*
BNF.

« La croisade des pastoureaux est née en 1251 de l'appel lancé par un personnage mystérieux, appelé le Maître de Hongrie ou Maître Jacques, à de jeunes bergers et paysans pour libérer la Terre sainte et le roi captif. De la Picardie, le mouvement s'étend vers la Bretagne, Orléans, Bourges. Partout les prêtres et le moines sont pris à partie et les églises profanées. Les milices bourgeoises ont finalement raison de ces bandes d'hérétiques. Elles se reforment en 1320 et prennent alors les Juifs pour cible. »

Georges Passerat.

Troisième croisade des pastoureaux (1320). Les pastoureaux incendient la Tour de Verdun-sur-Garonne où 500 Juifs ont trouvé refuge. Sur la cotte de mailles des soldats défendant la place figure une « rouelle » rouge et blanche, signe distinctif imposé aux Juifs, ancêtre de l'étoile jaune. Miniature du XIVe / XVe siècle.
BL.

Venue de Crimée par l'Italie et Marseille, la peste noire sévit à Toulouse en avril 1348. Elle reviendra ensuite périodiquement, en 1361, puis au XVe siècle.

« Au XVe siècle, Toulouse est une ville dépeuplée, appauvrie, incapable d'entretenir son capital immobilier, réduite à maintenir tant bien que mal un seul de ses ponts sur la Garonne, à se satisfaire d'une médiocre enceinte aux pans toujours croulants. »

Philippe Wolff, Commerce et marchands de Toulouse (vers 1350-vers 1450).

Vestiges du rempart médiéval du Bourg (XIVe siècle), boulevard Armand-Duportal, édifié pour résister aux Anglais.

Une ville désolée 1350-1450

À partir des années 1340-1350, Toulouse est, pendant un long siècle, frappée par la crise économique, la peste et la guerre. Depuis ledébut du XIVe siècle, les campagnes ne parviennent pas toujours à la ravitailler. Il faut parfois importer le blé de Sicile, de Rouergue ou d'Aragon. Dès 1348, les campagnes accueillent les riches Toulousains qui fuient la peste, arrivée de Crimée par l'Italie et Marseille. Toucher le malade, ou recevoir son souffle suffit pour contracter la maladie. La terrible épidémie fait des ravages pendant les grandes chaleurs de juillet et d'août, puis elle réapparaît sporadiquement, frappant au moins un tiers de la population.

La guerre de Cent Ans, qui oppose la France à l'Angleterre de 1337 à 1453, touche aussi Toulouse, ville loyale à quelques épisodes près (émeute en 1357 suite à la levée d'un impôt, expédition des capitouls sans aval du roi à Buzet et Corbarieu en 1382). Avec les États de Languedoc, la ville finance l'effort de guerre et paie la rançon du roi Jean le Bon, fait prisonnier à Poitiers en 1356.

Zone frontière entre l'Aquitaine anglaise et le Languedoc des rois de France, la région toulousaine reste elle-même le théâtre de combats secondaires. Les Toulousains ne manifestent pas beaucoup d'ardeur à affronter l'ennemi. Dès 1340, ils ont obtenu de ne défendre que leur ville et ses alentours. En armes, ils participent au guet devant les portes gardées par des pièces d'artillerie. La ville monnaie les services de mercenaires pour défendre le plat-pays. La levée du « souquet », un impôt spécial sur le vin vendu en taverne, permet de financer les travaux de fortifications qui entourent la ville, dont le quartier Saint-Cyprien, d'une ceinture de cinq kilomètres. Des milliers de briques sortent des tuileries de Saint-Sernin et de Saint-Cyprien, du sable est extrait de la Garonne. On rcdoute l'offensive du Prince Noir, le fils aîné du roi d'Angleterre, mais celui-ci passe avec ses armées légèrement plus au sud de la ville, à Portet et Montgiscard, en 1355.

Pendant de longues années, la région souffre aussi de la présence des routiers. Ces brigands venus de Gascogne sévissent par intermittence autour de Toulouse. En 1381, le populaire comte de Foix, Gaston Phébus, qui vise sans doute la fonction de lieutenant du roi en Languedoc, promet aux capitouls de débarrasser le pays de ces pillards. Il entre dans Toulouse où il se fait fort de rétablir la sécurité. Mais il s'efface en septembre devant le duc de Berry, représentant officiel du roi. Dans la première moitié du XVe siècle, les routiers se font menaçants aux portes mêmes de la ville, qui préfère souvent négocier leur départ plutôt que de combattre.

Lépreux agitant sa cloche. Miniature du XVe siècle. BL.

La délivrance d'Orléans suscite un bel élan patriotique à Toulouse qui, depuis 1420, fait corps derrière Charles VII. Le riche Étienne Rouaix vend tous ses biens et rejoint l'armée du roi aux côtés de Jeanne d'Arc. Lorsque Charles VII est sacré à Reims, les États de Languedoc votent un crédit de quelque 200 000 livres pour donner plus de faste encore à la cérémonie.

En ces temps difficiles, les Toulousains s'en remettent aux reliques protectrices de la ville, contenues dans les cryptes de Saint-Sernin : Saturnin, Hilaire, Exupère, l'apôtre saint Jacques... La puissante confrérie des Corps Saints, qui regroupe en 1383 près du dixième de la population, toutes catégories confondues, est chargée de leur culte. La grande procession du mardi de Pentecôte constitue un temps fort de la vie de la cité. Car Toulouse, recroquevillée derrière ses fortifications, a bien besoin de réconfort : la ville est exsangue. En 1398, elle ne compte plus que 24 000 habitants, vertigineux recul de 40 % en à peine plus d'un demi-siècle.

Les quartiers extérieurs sont désertés et détruits, de peur que l'ennemi n'en fasse usage.

Entrée de Charles VII à Toulouse, en 1441. Le roi chevauche sous un dais porté par les capitouls, précédé par le gonfalonier de la ville, qui porte une bannière aux armes de Toulouse; à sa suite chevauche le dauphin, futur Louis XI. Annales *de Toulouse (1441 - 1442). AMT.*

Le roi Charles VII et le dauphin Louis. Réalisé en commémoration de la venue en Languedoc, en 1437, du roi Charles VII et de son fils, futur Louis XI, ce vitrail de la cathédrale Saint-Étienne illustre bien, en ce milieu du XVe *siècle, la reconquête du royaume par Charles VII.*

Les couvents se replient à l'intérieur des portes. Seul demeure le faubourg Saint Cyprien, inondé par la Garonne en 1437. Les ponts qui enjambent le fleuve font l'objet de réparations de fortune. En 1442, l'artillerie royale qui fait route pour le siège de Tartas, dans les Landes, endommage sérieusement le pont de la Daurade. En ville, les maisons de bois brûlent comme des allumettes. Après la mort de leurs occupants, elles demeurent abandonnées et tombent en ruines. Certaines fortunes résistent cependant à l'épreuve des temps, comme les Tournier, riches changeurs, propriétaires d'un imposant hôtel, rue Temponières ; le nord de la Cité et le Bourg deviennent un quartier universitaire où fleurissent les collèges d'étudiants : le collège Saint-Martial, face à la maison commune, le collège de Périgord, installé dans la tour Maurand dès 1360, puis ceux de Maguelonne, rue du Taur, de Saint-Raimond, de l'Esquile et de Foix.

Miniature ornant l'acte de fondation du Collège de Foix par le cardinal Pierre de Foix, en 1457. ADHG.

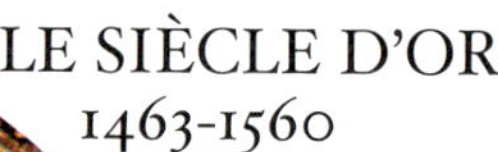

LE SIÈCLE D'OR
1463-1560

À partir de la fin du XVe siècle, Toulouse connaît une période de prospérité comparable au siècle d'or espagnol. Une petite plante aux fleurs jaunes, le pastel, fait la fortune du pays toulousain. La culture de l'« or bleu » s'étend dans les fameuses campagnes du Lauragais. « De par deçà en tout le royaume, le pastel ne vient bien qu'en Lauragais », notera le grand agronome de la fin du XVIe siècle, Olivier de Serres. Les teinturiers toulousains en extraient une nouvelle teinture d'un bleu profond et de la meilleure qualité qui séduit les marchés français et étrangers. Le pastel enrichit de nombreux marchands et de puissants hommes d'affaires : le rouergat Pierre d'Assézat, Jean de Bernuy, originaire de Burgos, Pierre Cheverry... Leurs compagnies sont représentées un peu partout en Europe. Ces hommes entreprenants supervisent toute la production, de la récolte des feuilles à la vente de la teinture. Ils étendent aussi leurs activités à la vente de tissus et de peaux, de métaux ou d'épices, au crédit, au change, voire aux assurances maritimes...

Représentation allégorique de Toulouse. Page de titre de la chronique 210 (1532 - 1534), première du Livre II des Annales *de Toulouse. AMT.*

Il suffit de quelques années pour que la ville devienne une place commerciale de premier ordre dans l'Europe de la Renaissance. Stimulés par le négoce du pastel, les secteurs traditionnels de l'économie toulousaine — commerce de denrées alimentaires et des étoffes, meunerie, tannerie, draperie — recouvrent une santé nouvelle. La soierie fait son entrée sur le marché toulousain au milieu du XVIe siècle. De précieuses cargaisons sont transportées par bateau sur la Garonne. Elles ont pour destination Bordeaux et, de là, gagnent les grandes places du Nord de l'Europe (Amsterdam, Anvers, Londres, Paris, Rouen) et l'Espagne, nouvellement enrichie par l'or ramené des Amériques.

« Toulouse, dans le cours entier de son histoire, fut toujours essentiellement un marché agricole ; au XVIe siècle, pour la seule fois, elle a projeté cette fonction sur le plan international. »

Gilles Caster,
Le commerce du pastel et de l'épicerie à Toulouse, 1450-1561.

La vue cavalière qui orne les Gesta Tholosanorum *(1515 de Nicolas Bertrand est la première représentation non fictive de Toulouse*

Au premier plan, le quartier Saint-Cyprien ceint de sa toute récente ligne de fortifications À l'extrémité gauche, le nouvel hôpital de la peste (Saint-Sébastien), près de celui de la Grave Au centre, Saint-Nicolas dresse son clocher polygonal au-dessus des toits de l'hôpital Saint-Jacques à gauche. Cette vue, qui se résume à un panorama de tours et de clochers, nous montre les monument essentiels et l'aspect général de la ville. Le personnage en manteau d'hermine et portant un sceptr est le fondateur mythique de Toulouse, un descendant de Japhet

Portrait présumé de Jean de Bernuy.

On porte à l'actif de Jean Bernuy, qui comptait parmi les plus grosses fortunes du royaume, d'avoir versé la somme de 1 200 000 écus d'or demandée comme rançon pour la libération de François Ier, prisonnier de Charles Quint à Pavie en 1525. Bernuy meurt à 75 ans, renversé ou encorné par un taureau qu'il aurait fait combattre contre des dogues dans la cour de son hôtel. Les aficionados *toulousains le considèrent comme le père de la* corrida de muerte.
CP.

Des palais pour maisons

L'essor commercial engendré par le pastel ne dure cependant que deux générations. À Toulouse, le souvenir du pays de « cocagne » — du nom de la boule de feuilles sèches qui forme la coque de pastel – perdure dans les riches hôtels particuliers des marchands pasteliers. Les architectes de l'époque trouvent en effet leurs meilleures commandes chez ces grands négociants, fiers d'afficher leur réussite au cœur de la cité.

En 1504, Jean de Bernuy fait construire rue Gambetta, par Aymeric Cayla, la façade sur rue et la deuxième cour de son prestigieux hôtel que surplombe une haute tour hexagonale à sept étages alliant le style Renaissance et le gothique flamboyant. Vers 1530, Bernuy commande au maître-maçon et sculpteur Louis Privat un travail tout en pierre, signe de richesse par excellence. Privat construit alors la première cour de l'hôtel de Bernuy, trésor de la Renaissance toulousaine : il déploie, au revers de sa porte d'entrée, des arcades et des voûtes à caissons ; sur le côté, un grand arc surbaissé aère l'ensemble.

Plus prestigieux encore, l'hôtel d'Assézat dont la construction confiée à partir de 1555 à Jean Castanié, dit Nicot, est entreprise sous l'égide du célèbre Nicolas Bachelier. Les troubles religieux de 1562 vont interrompre le chantier. Par la suite, on aménage, côté sud, une élégante galerie en encorbellement décorée de motifs floraux, végétaux et de mascarons en pierre blanche, et on surmonte le portique d'un étage, côté ouest.

L'ampleur et l'harmonie caractérisent ce véritable palais. Deux corps de logis en équerre

La Renaissance fait irruption à Toulouse avec l'hôtel de Bernuy : entre 1528 et 1532, le marchand le plus riche de la ville commande au maître maçon et sculpteur Louis Privat une œuvre toute de pierre, manifeste éclatant de sa réussite sociale.

Premier marchand de Toulouse, Pierre d'Assézat devait y avoir le plus bel hôtel. C'est à ces années d'apogée que correspond la construction de sa prestigieuse demeure. Celle-ci montre, notamment avec la superposition des trois ordres — dorique, ionique et corinthien —, la maîtrise avec laquelle Nicolas Bachelier a traité les modèles de l'Antiquité.

bordent une grande cour, de part et d'autre d'une imposante tour d'escalier carrée. Les trois étages de l'hôtel présentent des colonnes reprenant les trois ordres antiques : ordre dorique au premier niveau, ionique au second et corinthien au troisième.

C'est aussi à Nicolas Bachelier que s'est adressé le conseiller au Parlement Jean de Bagis pour construire son hôtel, rue de la Dalbade, en 1538. Deux vieillards à barbe de prophète gardent la porte centrale qui conduit à un grand escalier à l'italienne. Non loin, le juriste Bérenguier-Maynier, qui a racheté au début du XVIe siècle la partie de la demeure de Pierre Dahus à l'angle de la rue d'Aussargues et de la rue du Vieux-Raisin, entreprend d'y faire percer des fenêtres Renaissance, de rehausser la tour et de construire deux nouveaux corps de bâtiments. Rue Ozenne, l'hôtel de Dahus (XVe) flanqué de la tour du conseiller au Parlement Guillaume de Tournoër (XVIe) témoignent aussi de l'éclatant prestige de la cité à la Renaissance. Dissimulé derrière un haut mur, l'hôtel du magistrat Jean d'Ulmo, rue Ninau, offre au regard un bel escalier à l'italienne tandis qu'une partie de l'hôtel du premier président du Parlement Jean de Mansencal se laisse aussi apercevoir, rue Espinasse.

Toulouse enrichit en effet les magistrats qui profitent du développement du Parlement. Créée en 1443, cette institution représentant le pouvoir monarchique juge des litiges relatifs aux biens et aux personnes, qu'ils soient privés, publics ou administratifs. Siégeant à côté du Château Narbonnais, cette cour, dont la juridiction s'étend jusqu'au Rhône, est composée d'une Grande Chambre présidée par deux, puis trois magistrats, et d'une Chambre des enquêtes qui instruit les dossiers. Elle reçoit en 1543 une nouvelle Chambre des enquêtes puis, en 1544, une Chambre des requêtes. Le renforcement

Nicolas Bachelier, architecte et sculpteur. Né en 1500 à Arras, dans la Flandre espagnole, mort en 1557 à Toulouse, il est à l'origine de l'essor de la Renaissance à Toulouse. Buste attribué à Marc Arcis (XVIIe siècle). Capitole, salle Henri-Martin.

Magnificum Tholose Regium Parlamentum

Uiuat Tholosa — Ciuitas Gloriosa.

Domini Nicolai Bertrandi utriusq;
iuris professoris p̄stantissimi parlamentalisq;
Tholose Aduocati eloquentissimi celeberrimi
ac preditissimuz quidez opus De Tholosanor̄
Gestis ab urbe cōdita cūctis mortalib⁹ appme
dignū cōspectib⁹. In quo nō soluz varie edicunt
sciteq; explicātur historie: sed multe q̄ isignes sē
tētie necnō (quo oībus pficit) ardue ac āple, et le
gum et canonū disceptationes atq; intermixtiz de
ductiones aptissime depromūtur et extricātur.
Hoc aūt p̄clarissimuz opus nuperrime et ātehac
nūq̄ i lucez p̄ditum tam accurato ac expūctissi
mo sculptuz est charactere: ut facile habeāt doc
tissimi Tholosates ac alij qd eos delectet. Me
diocres in quo p̄ficiāt. Infimi vnde ad scientie et
virtutis studium calcaria sumant.

Cum gratia amplissimoq;
privilegio

Gesta Tholosanorū Edita Per Dominū Nicolaum Bertrandi.

ne séance au Parlement de Toulouse.
ravure dans Nicolas Bertrand, « Gesta Tholosanorum » *(1515).* AMT.

vec la guerre de Cent Ans et l'alliance anglo-bourguignonne, Charles VII ne dispose que d'un
omaine réduit dont le Languedoc est le seul élément dynamique et à peu près épargné par la guerre.
'est donc à Toulouse qu'il implante un nouveau Parlement, celui de Paris étant inopérant

de l'institution se traduit par l'augmentation du nombre des parlementaires, qui passe d'une trentaine à la fin du XVe siècle à 80 vers 1560. Leur montée en puissance, consacrée aussi par leur anoblissement, se fait aux dépens des huit capitouls, dépassés par les larges compétences de ces magistrats. D'autres institutions voient le jour. En 1549, le roi Henri II crée une Bourse des Marchands, la plus ancienne de province après celle de Lyon, qui consacre le rôle prépondérant de Toulouse dans l'économie du pays ; un bureau des finances est établi en 1551, un présidial l'année suivante qui remplace le tribunal du sénéchal.

Dans cette ville en pleine croissance, les faubourgs reprennent vie. En raison de la crise du logement, on construit à la hâte des masures en pans de bois et en torchis. Suite à l'incendie de 1463, on privilégie les constructions

Les capitouls de 1535 - 1536, parmi lesquels figure le marchand pastellier Jean Cheverry (le quatrième en partant de la gauche). Natif de Bayonne, celui-ci fonde en 1526 avec Simon Lancefoc et Raimond Serravère une société, dont il apporte une part importante du capital. Pierre II Lancefoc le charge de percevoir l'argent des Flamands. Dès 1535, Cheverry occupe une position sociale de premier plan. De plus, après 1548, il peut compter sur l'appui de Pierre d'Assézat, devenu son gendre.
Annales *de Toulouse.* AMT.

Entrée de Louis XI à Toulouse.
Le capitoul Nicolas d'Auterive fait valoir au roi que ses prédecesseurs ont prêté serment de conserver les privilèges de la Ville. Louis XI y consent, après s'être agenouillé devant l'autel dressé à la Porte de Muret (cours Dillon actuel), et prête serment à son tour. Capitole, salle du Conseil municipal.

La construction du « Pont-Neuf sur la Garonne », dit aussi « Pont de Pierre », s'étend sur une période de 90 ans, de 1542 à 1632. Entre 1937 et 1949, il fait l'objet de travaux de reprise en sous-œuvre aboutissant à une réfection complète des fondations primitives. Il a résisté à toutes les crues et défie encore aujourd'hui la puissance du fleuve.

en briques, plus résistantes. Les chantiers se succèdent : les Toulousains disposent de nouveaux remparts. On construit le couvent des Minimes au nord de la ville, rebâtit totalement la vieille église de la Dalbade de 1160, qui s'enorgueillit d'un des plus hauts clochers de la ville. Le talentueux Laurent Clary achève le clocher de Saint-Étienne ; le très sollicité Nicolas Bachelier sculpte le retable de l'autel paroissial de la cathédrale, ainsi que celui de la Dalbade. En 1525, les capitouls parent leur maison commune d'une fort belle tour des Archives, l'actuel « Donjon » du Capitole.

En 1544, le président du Parlement Jean de Mansencal pose la première pierre du Pont-Neuf, qui doit remplacer le pont de la Daurade et le Pont-Vieux. C'est le prélude de longs et difficiles travaux. Cinq ans plus tard, l'élégante fontaine du griffoul, la plus ancienne de Toulouse, orne la place Saint-Étienne.

Parti d'une boulangerie des Carmes, poussé par un violent vent d'autan, l'incendie de 1463 ravage le cœur de Toulouse douze jours durant. Les trois quarts de la ville sont consumés. Le boulanger et sa femme sont condamnés à être pendus. Louis XI, qui fait son entrée quelques jours plus tard dans Toulouse dévastée, ému de leur sort, fait grâce. Il accorde à la ville l'exemption du droit d'aubaine pour favoriser le repeuplement et une exonération des tailles pendant cent ans.

Jacques Cujas.
Fils d'un tondeur de draps de la rue des Blanchers, né à Toulouse en 1522, Cujas est considéré comme « le plus illustre jurisconsulte français de la Renaissance ». Il apprend surtout en autodidacte. Féru d'histoire, de philosophie, de morale, de poésie, il maîtrise aussi le grec et l'hébreu. Pour lui, les lois des peuples doivent s'étudier au regard de leurs mœurs. De 1547 à 1554, il donne des cours privés de droit romain qui remportent un vif succès. Il brigue ensuite une chaire de droit civil à l'université, mais se fait préférer Forcadel. Cela ne l'empêche pas de mener une brillante carrière qui le conduit à Cahors, Bourges, Grenoble, Turin, Valence. Il meurt à Bourges en 1590. Bois peint du XVIe *siècle. Anonyme.* CAT.

Rayonnement intellectuel

Dans les années 1560, le collège de l'Esquile et celui des jésuites proposent un cycle d'études complet. L'Université, elle, bénéficie du rayonnement de sa faculté de droit dès la première moitié du XVIe siècle. Les étudiants se pressent dans les nouveaux auditoires inaugurés en 1521. Parmi eux, de grands esprits : l'imprimeur et humaniste Étienne Dolet, Michel de l'Hospital, Michel de Montaigne et Étienne de La Boétie. De brillants professeurs, tels Arnaud du Ferrier ou le très écouté Jean de Coras, qui attire des milliers d'étudiants, y dispensent des cours de droit romain. L'éminent juriste Jacques part hélas, faute de poste, à Cahors, puis à Bourges. Les bouillants « écoliers », regroupés en « nations » de Gascons, Provençaux, Français ou Espagnols, sont aussi connus pour leur amour des armes et leurs débordements. Ils se battent volontiers et donnent au quartier des Études une mauvaise réputation. Le 14 avril 1540, ils incendient les « études » ; en 1581, une gigantesque échauffourée entre étudiants et soldats de guet fait de nombreuses victimes. De 1588 à 1623, les scandales se mutiplient dans les collèges universitaires : « La discipline est souvent violée, les statuts tenus en peu d'estime : scènes scandaleuses à l'occasion de l'élection d'un collégiat, rebellions, déportements, menaces avec armes, témérités, insolences, entrées illicites dans la bouteillerie, injures adressées au prieur, refus de rendre compte, sorties à heures indues d'un collégiat qui s'était emparé des clefs de sortie... » (MASIBLT, 1885).

Toulouse est la quatrième ville de France à disposer, dès 1476, d'ateliers d'imprimerie dont les parlementaires et les universitaires assurent le gros de la clientèle. Le français se pratique dans le domaine des lettres, de la loi et du commerce avant même l'ordonnance de Villers-Cotterêts de 1539 qui en fait la seule

Entrée de François Ier, suivi du dauphin (le futur François II), le 1er août 1533. Tout au long du parcours suivi par le cortège se dressent des arcs de triomphes et des « théâtres » temporaires exaltant la puissance royale. Annales de Toulouse (1532-1534). AMT.

La Belle Paule est, d'après un dicton populaire, une des quatre merveilles de Toulouse. Peinture d'Henri Rachou (XIXe siècle). Capitole, salle des Illustres.

Saint Côme et saint Damien, patrons des chirurgiens-barbiers. Frontispice enluminé des statuts des compagnons ou écoliers en chirurgie de l'Université de Toulouse. (XVIe-XVIIIe siècles). BU Toulouse-III (réserve).

langue officielle du pays. C'est donc en français que le professeur de droit et poète Blaise d'Auriol accueille François Ier, le 1er août 1533, lors d'une des plus somptueuses fêtes que le siècle ait connue. Le roi, attendu par les capitouls, porte Arnaud-Bernard, se voit remettre les clés de la cité. Il parcourt à cheval les rues pavoisées à ses armes et où se dressent çà et là des arcs de triomphe et des « théâtres » célébrant sa puissance... Séduit par la sublime toulousaine Paule de Viguier, François Ier la qualifie de « Belle Paule ».

Le français s'impose aussi aux Jeux floraux, devenus « Collège de rhétorique et de poésie françaises » et où Ronsard se voit primé d'une Minerve d'argent en 1554. C'est encore par l'intermédiaire du français que l'humanisme se diffuse à Toulouse dans les milieux universitaires, parlementaires, et même dans l'Église. Des cercles d'érudits célèbrent la culture antique et la liberté d'esprit. Ce courant trouve un représentant prestigieux en la personne du juriste Jean de Boyssonné, ami de Rabelais et du poète Clément Marot.

Le lustre de la Renaissance est cependant terni par la peste et la famine qui accablent épisodiquement les Toulousains. À Saint-Cyprien, l'hôpital Saint-Sébastien isole, à partir de 1514, les malades de la peste qui n'ont pas les moyens de se réfugier à la campagne ou de recevoir des soins chez eux. Aux « corbeaux » la tâche ingrate de transporter les malades et d'ensevelir les cadavres. Les convalescents en quarantaine sont accueillis dans les tours du rempart. En 1557, les pestiférés sont enfermés à l'extérieur du rempart de Saint-Cyprien.

Dans les rues de Toulouse, des milliers de miséreux se livrent à la mendicité lors des crises de subsistance. L'assistance aux plus pauvres s'organise, notamment à l'hôpital Saint-Jacques, rive gauche. Cet héritier des petits hôpitaux du

Moyen Âge devient Hôtel-Dieu au milieu du siècle et accueille les malades sans le sou, les vieillards et les enfants abandonnés.

Les hommes valides se voient confier des besognes d'utilité publique, victimes potentielles de cette famine qui engendre de terribles spectacles. Ainsi, en 1531, les chiens dévorent les cadavres qui jonchent les chemins des environs immédiats de la ville.

Tour Taillefer ou des pestiférés (1516-1517). Dès 1508, on agrandit l'hôpital de la Grave, qui prend le nom de Saint-Sébastien ou hôpital de la Peste. Il s'agit d'un lieu particulièrement adapté : loin du centre, isolé par la Garonne, doté de peu d'ouvertures et situé à l'ouest, ce qui n'entraîne pas les effluves nauséabonds les jours de vent d'autan. En 1543, devant la « contagion » qui décime alors la population, Augier Ferrier, docteur régent à la faculté de médecine de Toulouse et médecin de Catherine de Médicis, écrit son fameux Traité de Peste, *resté célèbre par le remède qu'il préconise contre ce fléau : « Trois mots contre la peste ont plus d'effet que l'art : se retirer bientôt du lieu infect et s'en aller loin et revenir tard. »*

« De là vint à Thoulouse, où il apprit fort bien à danser et à jouer de l'épée à deux mains, comme est l'usage des escoliers de ladite Université : mais il n'y demeura guères, quand il vit qu'ilz faisoient brusler leurs régens tout vifz comme harans soretz, disant : "Ja Dieu ne plaise que ainsi je meure, car je suis de ma nature assez altéré sans me chauffer davantage". »

Cet épisode de la jeunesse de Pantagruel (II, 5) est une allusion au supplice du bachelier Jean de Caturce brûlé comme hérétique en 1533 lors de la parution de Pantagruel.

TOULOUSE DÉCHIRÉE 1561-1596

À partir des années 1560, Toulouse est le théâtre des conflits sanglants opposant catholiques et protestants. Depuis le début du XVIe siècle, l'Église catholique ne semble plus pouvoir combler les aspirations spirituelles d'un grand nombre de Toulousains, désireux d'un retour aux sources de l'Évangile. La conduite du clergé n'a en effet rien d'exemplaire ; en 1559, un scandale éclate au couvent des Augustins où l'on découvre que des moines abritent des prostituées et ce avec beaucoup de mansuétude... Les défaillances du clergé n'expliquent pas à elles seules le succès du protestantisme, mais elles détournent de l'Église bien des croyants.

Vers 1530, les doctrines de Luther, puis de Calvin, se diffusent très vite dans la région, malgré la réaction vigoureuse du Parlement. La répression touche d'abord les cercles humanistes. En 1532, le professeur Jean de Boyssonné doit abjurer publiquement devant la cathédrale ; son élève Jean de Caturce est condamné au bûcher, place du Parlement. Entre 1540 et 1548, pas moins de 200 procès sont instruits par cette assemblée, selon les ordres du roi Henri II qui crée par la suite une « chambre ardente », chargée du jugement des hérétiques. Rien n'arrête cependant la montée en puissance des calvinistes, dont certains se réfugient à Genève. En 1555, ils mutilent des statues de saints à la cathédrale Saint-Étienne. Trois ans plus tard, l'Église réformée de Toulouse voit le jour avec, comme pasteurs, d'anciens moines défroqués.

Calvinus predicans.
Calvin, à tête de porc, prêchant du haut de sa chaire. Miséricorde d'une des stalles de la basilique Saint-Sernin, exécutées sous le règne de Louis XIII.

Le carême de 1561 se déroule dans une ambiance plutôt agitée. Les « huguenots », comme les surnomment leurs adversaires, troublent les offices de la Dalbade et de Saint-Sernin, aussi les catholiques commencent à s'inquiéter. Car, si la majorité des parlementaires, comme l'ensemble de la population, reste profondément attachée au catholicisme, la religion nouvelle gagne les élites de la société toulousaine et les capitouls, parmi lesquels figure le négociant en pastel Pierre d'Assézat. Toulouse risque de basculer dans le camp de la Réforme, comme les villes alentour : Montauban, Castres, Lavaur, Revel, Pamiers, L'Isle-Jourdain...

Le 7 février 1562, après la promulgation d'un édit de la régente Catherine de Médicis autorisant l'exercice du culte réformé dans les faubourgs des villes, deux capitouls et le viguier assistent au premier prêche public, porte Montgaillard. Hors de la porte Villeneuve, on dresse un temple de bois où le culte est célébré sous la haute surveillance des soldats du guet.

DES HERETIQVES MAGIciens, Sorciers, & Astrologues.

CHAP. II.

ES Catholiques, ne contracteront point mariage auec ceux qu'ils sçauront estre condamnés pour Heretiques, ne parleront point auec eux, ne les hanteront point, fuiront leur commerce, mais principalement leurs Presches, & assemblées. De-

L'assimilation des « hérétiques » aux sorciers : un exemple de littérature antiprotestante à Toulouse.

Une ville à feu et à sang

Après le massacre d'un groupe de protestants à Wassy, dans le nord-est de la France, par les gens du très catholique duc de Guise, le 1er mars 1562, la tension monte encore d'un cran à Toulouse entre les deux communautés. Le premier président du Parlement, Jean de Mansencal, apprend le projet des protestants de livrer la ville au prince de Condé, chef de la rébellion calviniste, mais à peine a-t-il eu le temps de réagir que les conjurés toulousains tentent un coup de force. Dans la nuit du 11 au 12 mai, ils investissent le Capitole, barrent les rues du quartier et s'emparent des portes Matabiau et Villeneuve. Les catholiques, qui arborent sur leurs habits une croix blanche dont ils marquent aussi leur maison en guise de signe de reconnaissance, prennent alors les armes et se regroupent dans les quartiers sud, tentant d'expulser les protestants du Capitole, tandis que ces derniers bataillent pour gagner le Parlement.

Jean de Mansencal. À la moindre cérémonie protestante, les catholiques crient à la provocation. À Saint-Sernin, un prédicateur est interrompu par un marchand qui lui lance : « Tu mens, cafard de moine ! ». Malgré les efforts du président au Parlement Jean de Mansencal qui, reprenant les paroles de Michel de L'Hôpital, s'écrie : « Ôtons ces mots diaboliques de papistes, huguenots ; ne changeons le nom de chrétien », l'affrontement éclate en mai 1562. Huile sur toile (XIXe siècle). Anonyme. CAT.

Après quatre jours de combats acharnés, de meurtres et de pillages, les protestants demandent une trêve car le rapport de forces joue nettement en leur défaveur : ils ne sont que 1 700 contre plus de 5 000 catholiques. Le 17 au soir, au Capitole, ils célèbrent la Cène tandis qu'au sommet de la tour de la maison commune, leur guetteur chante des psaumes dans la nuit silencieuse. Puis ils quittent Toulouse par la porte Villeneuve pour gagner des places plus sûres. Terrible retraite : toute la nuit durant, le cortège est attaqué par des paysans et des troupes ennemies.

La « Délivrance » de Toulouse, comme l'appellent les vainqueurs, fait entre 200 et 300

Expulsion des huguenots de Toulouse après la tentative de surprise de la ville par les partisans du prince de Condé, le 17 mai 1562. Peinture d'Antoine Rivalz. MA.

victimes, en majorité protestantes. Le quartier de la place Saint-Georges a été incendié, des églises et des couvents pilonnés, l'église des Jacobins bombardée par les pièces d'artillerie protestantes. Conduisant les armées royales, Blaise de Montluc, lieutenant général du roi en Guyenne, mène une répression d'une violence inouïe à l'encontre des huguenots. Dans ses *Commentaires*, ce guerrier qui sait aussi manier la plume affirme dans une prose éloquente : « S'ils m'eussent attendu, il ne s'en fût pas sauvé un couillon. » La tête du capitoul Mandinelli est clouée à une porte du Capitole, on pend en effigie ses sept complices en fuite (cette cérémonie consistait à simuler une exécution à l'aide d'un mannequin). Des parlementaires et des conseillers qui ont embrassé la nouvelle religion sont destitués, des centaines de protestants emprisonnés ou bannis, la porte Villeneuve est condamnée et son temple abattu.

Tout au long de plus de 30 ans de guerre civile, Toulouse, transformée en bastion catholique au milieu de cités protestantes, sert de refuge à de nombreuses communautés religieuses chassées de leur couvent : les jésuites de Pamiers en 1563, les quatre chartreux qui ont miraculeusement

La Vierge du rempart (XVIe siècle), église Notre-Dame-du-Taur. Les catholiques, désireux de réaffirmer leur croyance en la Vierge, installent cette statue près d'une des portes par laquelle les protestants persécutés prennent la fuite.

échappé au massacre de leur monastère à Saïx, près de Castres, en 1569, les cordeliers de L'Isle-Jourdain en 1580... La ville voit aussi apparaître des confréries de pénitents, blancs, noirs, bleus et gris, selon la couleur de leur habit. Les Toulousains expriment toute leur ferveur lors de la spectaculaire procession solennelle de la « Délivrance », qui aura lieu chaque année jusqu'à la Révolution.

Dans ces années mouvementées se distingue l'entrée solennelle du roi Charles IX dans Toulouse, le 1er février 1565, cérémonie grandiose qui coûte plus de 31 000 livres et mobilise, sous la direction de Dominique Bachelier, le fils du célèbre architecte, quelque 26 sculpteurs et 69 peintres. Des arcs de triomphe célébrant les épisodes les plus glorieux de l'histoire de la ville se dressent sur le passage du roi. Mais ce faste, destiné à éveiller le loyalisme des Toulousains et à calmer les rancœurs, ne peut rien contre l'hostilité viscérale des habitants vis-à-vis des protestants de la ville, qu'ils soient étudiants ou rescapés de la Délivrance, comme l'ancien capitoul Pierre d'Assézat, qui a négocié son retour au prix fort. Allant à l'encontre de la politique d'apaisement souhaitée par la monarchie, le Parlement refuse l'exercice du

Procession de la cathédrale Saint-Étienne de Toulouse avec ostension des reliquaires. Ce tableau représenterait la fête de la Délivrance de la ville qui elle-même commémore un épisode fondateur de l'histoire de Toulouse la catholique : l'expulsion des protestants hors de Toulouse, le 17 mai 1562. Le défilé part de la cathédrale Saint-Étienne, puis, passant par le Capitole, arrive à Saint-Sernin, dont on reconnaît le côté sud et le clocher. Peinture attribuée à Jean II Michel (vers 1700). MA.

culte réformé dans Toulouse – il a lieu à Castanet Tolosan, au sud-est de Toulouse –, et écarte les calvinistes de la vie de la cité.

D'autant que dès 1567, le « complot protestant » ravive la méfiance des catholiques. Le bruit d'une réunion secrète chez Pierre d'Assézat pour livrer la ville à Condé circule dans Toulouse, amenant les capitouls, tous catholiques cette fois, à fermer l'Université et les tribunaux, et à procéder à de multiples arrestations. De nombreuses attaques partent des foyers protestants de Puylaurens, Montauban, Castres, L'Isle-Jourdain... Une armée de religionnaires prend le château de Fronton. L'abbaye de Boulbonne est mise à sac par les bandes du sire de Lévis d'Audon ; les mois suivants, les protestants de Montgomery rançonnent Lavaur, Caraman et de nombreux villages du Lauragais. En 1570, une grande offensive menée par Montgomery et Coligny parvient jusqu'au faubourg Saint-Michel, qui brûle en partie.

Les capitouls nommés en mai 1562, après la victoire catholique. En effet, dès le 12 mai, le Parlement révoque les capitouls suspectés d'hérésie et les remplace par une commisssion catholique. Annales *de Toulouse (1562-1563)* AMT.

Page de titre du volume des arrêts du Parlement de Toulouse pour l'année 1571-1572. ADHG.

« De l'Espagnol dans le ventre »

C'est dans ce contexte de peur et d'angoisse que parvient à Toulouse la nouvelle du massacre de la Saint-Barthélemy du 23 au 24 août 1572. En septembre, les protestants sont emprisonnés sur ordre des capitouls avec l'aval du Parlement, officiellement « afin d'obvier que le peuple ne les offense ». Leur sort est scellé le 3 octobre, lorsque deux marchands arrivés de Paris se disent porteurs d'ordres du roi de les tuer tous. Dans la nuit, des officiers royaux, des marchands et des étudiants marchent sur la conciergerie du palais. Ils sont une centaine, armés de haches et de coutelas, et ils massacrent les prisonniers un par un. Trois conseillers au Parlement, dont le professeur d'Université Jean de Coras, sont pendus au grand ormeau de la cour du palais,

dans leur solennelle robe rouge de cérémonie. Les victimes, entre 200 et 300, reçoivent néanmoins une digne sépulture. Selon les vœux des parlementaires et des hommes de loi catholiques, il n'y a plus de protestants déclarés à Toulouse. Les guerres de religion redoublent alors de violence : des sentinelles sont postées en haut des clochers pour guetter les attaques venant de Gascogne, certaines portes sont murées, les passants soumis à des fouilles.

Les catholiques modérés, désireux de garantir à Toulouse la paix civile et l'autorité royale, vont eux-mêmes être bientôt les victimes des ultra-catholiques qui adhèrent à la Sainte-Ligue du duc de Guise en 1585. Le conflit entre « politiques » et « ligueurs » éclate après l'assassinat du duc et de son frère par Henri III, en décembre 1588 : les ligueurs, qui exigent du Parlement qu'il rejette l'autorité de ce roi honni, se heurtent au refus de son premier président, Jean-Étienne Duranti, catholique fervent mais loyaliste convaincu. À la sortie du palais, le carrosse du magistrat est pris en chasse par des fanatiques armés et se renverse, rue de la Pomme. Duranti a juste le temps de gagner le Capitole où il demeure sous bonne garde, puis il est transféré au couvent des Jacobins où il ne peut échapper longtemps à la furie meurtrière des ligueurs ; le 10 février 1589, son cadavre est pendu à un gibet, place Saint-Georges, un portrait d'Henri III dans le dos.

Gibet avec fourches patibulaires (XVIIIe siècle). ADHG.

« De quels excès n'est pas capable une populace mutinée ! À peine avoit-il expiré que, l'ayant attaché par les pieds avec une corde, ils le traînent par les rues avec de grandes huées. [...] Un de ces enragez marchant devant, portant un portrait du roy en grand, déploié en forme de banière, crioit : "A cinq sols le portrait du Tiran, pour luy acheter un licou pour le pendre !" Après avoir traîné de la sorte le corps de Duranti par les principales rues, ils le vont attacher avec le tableau du roy à une grille de fer qui fermoit un échaffaut bâti de pierre qu'il y avoit alors au milieu de la place de Saint-Georges. »

Annales de la Ville de Toulouse.

Partisan de l'obéissance au roi Henri III, le premier président Duranti est assassiné par les ligueurs en 1589. Bas-relief de Dominique Fourcade (début du XXe siècle). CAT.

Henri IV. L'inscription située en dessous signifie : « Vivant, le peuple entier l'aima. Il le pleura quand il fut enlevé. La postérité ne cessera de l'aimer d'un amour pieux. » Statue en marbre polychrome (début du XVIIe siècle). Capitole, cour Henri-IV.

En août de cette même année 1589, les ligueurs, libérés de toute allégeance au roi, accueillent dans la liesse la nouvelle de l'assassinat d'Henri III par un fanatique, allant jusqu'à organiser une messe aux Jacobins en mémoire du régicide. Beaucoup continuent à refuser farouchement l'autorité d'Henri IV, malgré son abjuration du protestantisme en juillet 1593. Le duc de Joyeuse, chef du parti ligueur, va tenter de soulever la ville en 1595 mais, après la prise de Portet par les armées du roi, il finit par négocier sa reddition. Une amnistie générale est déclarée et les privilèges de Toulouse, exemptée de tailles pour 100 ans, réaffirmés. L'édit de Folembray, du 24 janvier 1596, est accueilli par des feux de joie et un *Te Deum* à la cathédrale. Le culte réformé n'a toujours pas droit de cité dans Toulouse et le Parlement regimbera longtemps avant d'enregistrer l'édit de Nantes, en 1600. « J'aperçois bien que vous avez encore de l'Espagnol dans le ventre », reprochera Henri IV aux magistrats...

Les guerres de Religion ne sont pas les seuls maux qui accablent alors les Toulousains : on invoque saint Roch aux Minimes pour se protéger contre l'épidémie de peste qui sévit au lendemain de la Délivrance, puis en 1587 ; la ruine ou le départ des riches notables portent un coup sérieux à l'artisanat du luxe et à la construction. Surtout, depuis 1561, le commerce du pastel souffre de l'arrivée d'un nouveau colorant en provenance des « Indes » : l'indigo, plus efficace et meilleur marché.

Saint Roch, patron des malades atteints de la peste, montre un bubon de peste à la cuisse (XVIIe siècle). Saint-Sernin.

© photo STC, Ville de Toulouse

Les quatre fonctions du capitoulat.
De gauche à droite :
la justice municipale,
l'entretien des édifices municipaux,
la gestion des hôpitaux et
la réglementation des métiers.

Peinture de Jacques Boulbène (1576-1600).
MA.

Apportée par l'Armée royale qui vient de La Rochelle et se rend en Bas-Languedoc pour prendre les dernières places protestantes, l'épidémie de peste de 1629 / 1631 provoque des pertes terribles. Louis XIII envoie à Toulouse Robert Miron qui établit en 1636 un procès-verbal sur l'état de la ville après l'épidémie : maisons et terres sont abandonnées, et les survivants ne veulent pas les occuper pour ne pas voir leurs impôts augmenter.

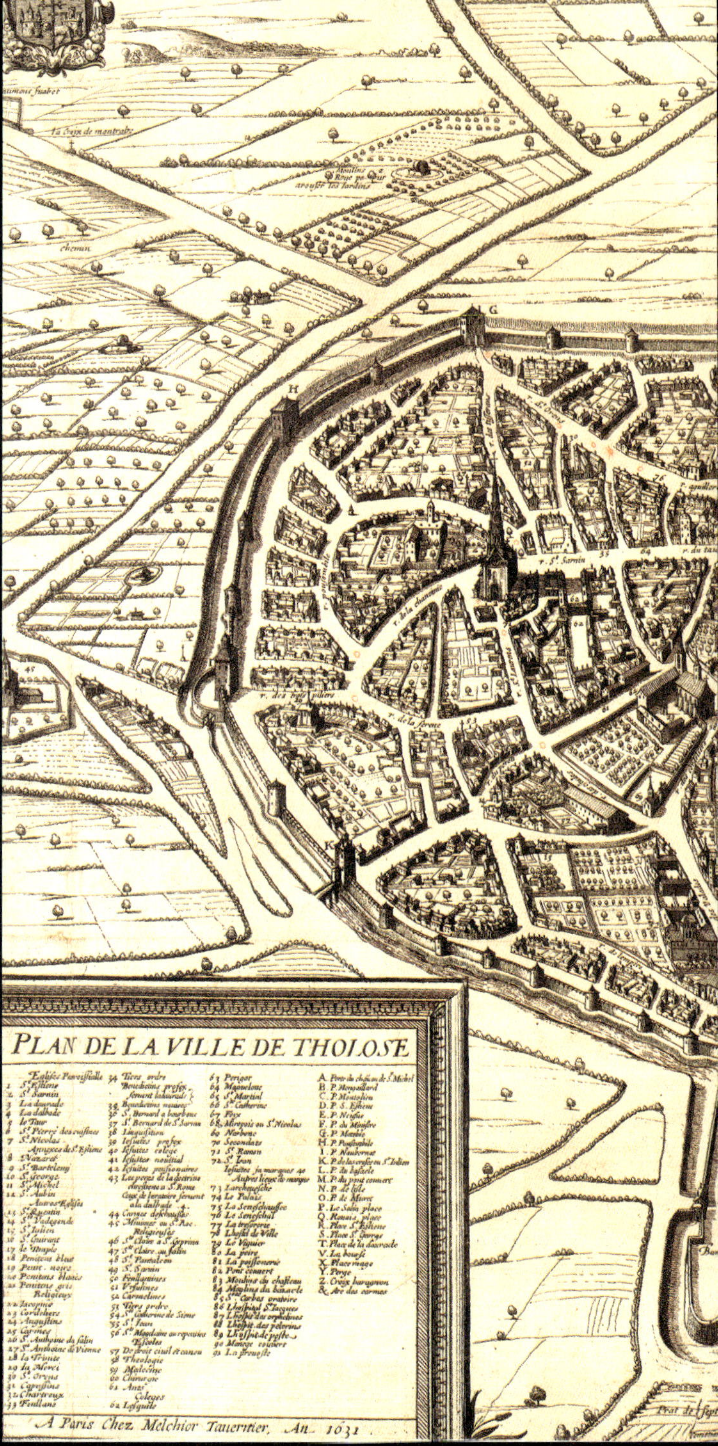

PLAN DE LA VILLE DE THOLOSE

A Paris Chez Melchior Tauernier, An. 1631

L'hôpital Saint-Sébastien, saint protecteur de la peste, était aussi appelé hospital de la Peste ou de la Contagion.

Le plan de Toulouse par Melchior Tavernier, publié à Paris en 1631, est le premier plan qui soit relativement précis. Les monuments sont dessinés en détail, et on peut suivre aisément le tracé des rues marquant l'itinéraire du rempart gallo-romain, limite de la zone bâtie. MPD.

© Bernard Delorme

La première moitié du XVIIe *est avant tout le siècle de Pierre Goudouli (ou Godolin), poète d'expression occitane né à Toulouse en 1580. Protégé par de puissants mécènes, il est l'auteur d'une œuvre profondément originale qui constitue, à travers toutes les époques, l'un des plus grands succès éditoriaux de la littérature occitane,* Le Ramelet Moundi. *Peinture d'Antoine de Troy (vers 1640).* MA.

TOULOUSE LA SAINTE
1596 - 1715

Pendant le Grand Siècle (XVIIe siècle), le catholicisme triomphe à Toulouse. À la fin de cette époque, la moitié de la ville est occupée par des couvents, agrandis ou construits à neuf. Dès 1599, les dominicains amorcent une profonde réforme sous l'impulsion du père Sébastien Michaelis. Les congrégations nées lors des guerres de Religion s'enrichissent de quelque sept ordres masculins et quatorze ordres féminins, dont les ursulines en 1604, suivies des carmélites en 1616. Avec une centaine de dignitaires au chapitre de Saint-Étienne et près de cinquante à Saint-Sernin, le clergé séculier affiche lui aussi une santé éclatante. La formation des prêtres est assurée par les trois séminaires qui voient le jour dans la seconde moitié du siècle.

Dans les églises assidûment fréquentées, l'art baroque fleurit librement. Toutes les églises et les chapelles à la trompeuse discrétion extérieure, rivalisent alors de magnificence avec leur décor de stuc, leurs boiseries, leurs tapisseries, leurs tableaux et leurs statues. Les commandes religieuses attirent les meilleurs artistes de l'époque. Les peintres Chalette, Tournier, François ou Frédeau font étape dans la ville et, avec les tailleurs d'images, apportent leur contribution au « siècle d'or » de la peinture et de la sculpture toulousaines.

Les cryptes et le déambulatoire de Saint-Sernin sont remaniés ; la nef de la basilique est agrémentée d'un grand retable de bois doré de Pierre Affre, d'un jubé

Entrée de Louis XIII à Toulouse, le 22 octobre 1632. Venu à Toulouse pour l'exécution du duc de Montmorency, le roi entre dans la ville avec 8 000 hommes. Annales *de Toulouse (1631 - 1632).* AMT.

en pierre et marbre sculpté par Gervais Drouet, de stalles neuves, d'une chaire d'apparat et enfin, de grandes orgues. De nouveaux vitraux et de nouvelles stalles embellissent aussi le chœur de Saint-Étienne, après l'incendie dévastateur de 1609.

Hors de ces riches sanctuaires, les processions de la Délivrance, de la Pentecôte et de la Fête-Dieu regroupent tous les corps constitués de la ville autour des châsses des Corps Saints et du Saint Sacrement, protégé par un dais que portent les huit capitouls. Les Toulousains aiment aussi se retrouver dans les confréries qui rassemblent sous leur bannière des centaines d'habitants de toute origine sociale. Il n'en est pas de même pour l'aristocratique confrérie des Pénitents Bleus qui accueille deux hôtes de marque, Louis XIII en 1621, puis Louis XIV en 1659, lors de leur venue à Toulouse. Construite en seulement trois ans, la chapelle des Pénitents-Bleus (aujourd'hui église Saint-Jérôme, rue du Lieutenant-Colonel-Pélissier) se distingue par son architecture originale.

Livre des rois *ou livre des statuts de la compagnie royale des Pénitents Bleus, érigée en 1575. Le signe notamment Louis XIII en 1621, lors de sa première venue à Toulouse. Début du* XVIIe *siècle.* BIC.

Descente de la Vierge au feu de Saint-Michel, le 18 août 1672. Peinture de Pierre Suau (XIXe siècle). Notre-Dame-de-la-Daurade.

Les Toulousains vouent un culte à Marie et se rendent volontiers en pèlerinage à Notre-Dame de Garaison, dans le Comminges, dans le piémont pyrénéen. Plus près de Toulouse, à Pibrac, les reliques de la bergère Germaine Cousin, la future sainte Germaine, font, dit-on, des miracles dès 1644. Pour lutter contre la « maladie, guerre, famine, pestilence, extrême chaleur, sécheresse ou trop grande abondance de pluie », la Vierge noire de la Daurade est portée en procession, tandis que la veille de l'Ascension, les confréries des pêcheurs assistent à la « baignade de la croix » du couvent de la Daurade, censée garantir le succès de leur pêche.

Les progrès du catholicisme ne vont pas sans exciter des jalousies au sein de l'Église même. Les doctrinaires et les dominicains voient d'un mauvais œil les jésuites empiéter sur leurs prérogatives en matière d'éducation. Ces derniers jouent en effet un rôle clé dans la formation des élites. Leur collège, rattaché à l'Université en 1681, est fort de quelque 1 200 élèves (celui de l'Esquile, tenu par les doctrinaires, en compte 1 000). Les jésuites, qui reçoivent par la suite la charge du séminaire diocésain, sont aussi le fer de lance de la lutte contre le jansénisme.

Louis XIV enfant en saint Michel domptant le dragon de l'hérésie protestante. À l'aube du nouveau règne (1643), les capitouls expriment leur volonté de voir continuée la lutte. Le roi n'étant alors qu'un enfant, il convint d'adapter au discours anti-protestant une image fréquente de la Contre-Réforme, celle de l'archange saint Michel terrassant le dragon.

Peinture de Jean Chalette (1581-1644). Église de Belbéraud (Haute-Garonne).

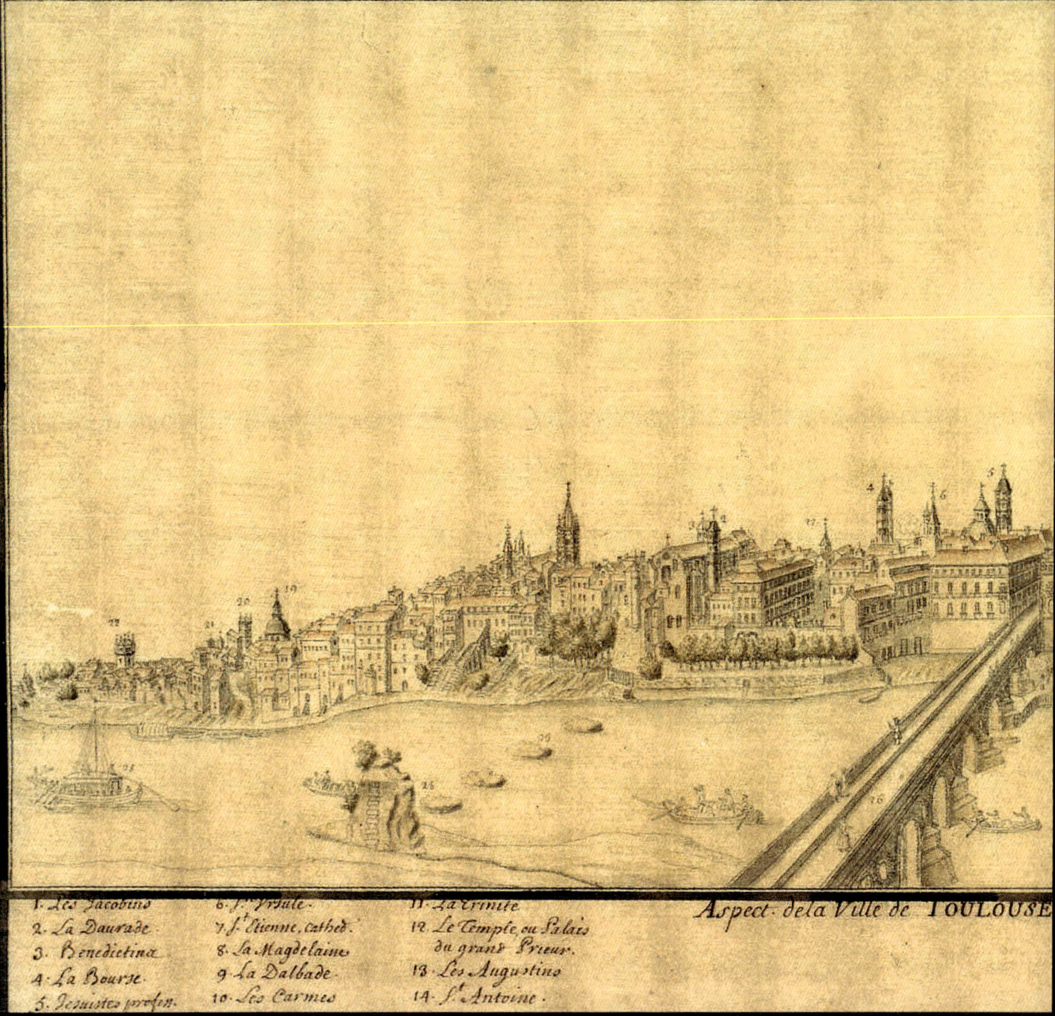
Aspect de la Ville de TOULOUSE
1. Les Jacobins
2. La Daurade
3. Benedictins
4. La Bourse
5. Jesuistes profes.
6. S.te Ursule.
7. S.t Etienne, cathed.
8. La Magdelaine
9. La Dalbade
10. Les Carmes
11. La Trinite
12. Le Temple, ou Palais du grand Prieur.
13. Les Augustins
14. S.t Antoine.

Détail de la « Vue particulière de Toloze » (1642), gravée par François Collignon en 1642 : au premier plan, le bastion et les moulins du Bazacle, à l'arrière desquels on distingue le clocher et la façade de l'église Saint-Pierre-des Cuisines ; à droite, vue de la Garonne et de la chaussée du Bazacle ; à gauche, derrière le rempart médiéval du Bourg, émerge le clocher de la basilique Saint-Sernin. MPD.

Veue
Sainct Sernin. 2. Porte du faux bourg. 3. Les Cordeliers. 4. Tour du Bazacle. 5. S.t Pierre des Cuisines. 6. Les Freres Prescheurs. 7. Moulins du Bazacle. 8. Porte du Bazacle. 9. Passage des Bateaux. 10. La Daurade. 11. Pilles restees du vieux pont. 12. Le pont neuf.

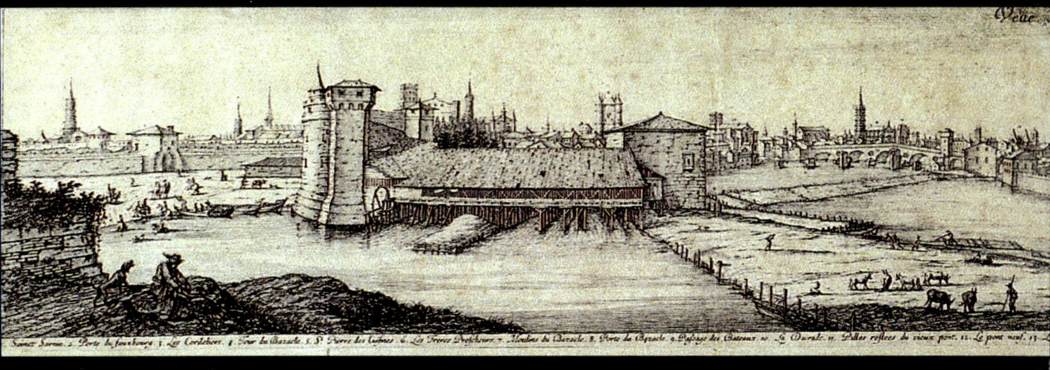

e de la Garonne

16. S.t Barthelemy
17. S.t Michel
18. Les Recollets

21. Les Chartreux
22. College des Jesuistes
23. Ruines du Pont de la Daurade

25. La Porte
26. Pont neuf sur la Garonne
27. Chateau du Bazacle

« Aspect de la ville de Toulouse, du côté de la Garonne ».
Au centre, on distingue le Pont-Neuf, à gauche les vestiges du Pont-Couvert ou de la Daurade (détruit en 1639), à droite ceux du Pont-Vieux.
Anonyme (XVIIe siècle). BNF.

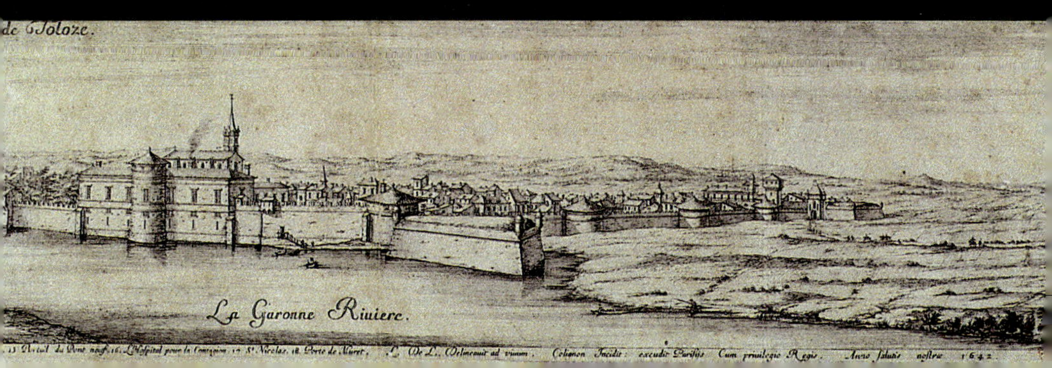

Vanini, philosophe de l'École de Padoue, en Italie. Condamné au « crime d'athéisme, blasphèmes et impiété » à avoir la langue arrachée et à être brûlé vif, il est exécuté place du Salin. Buste réalisé par Maccagnani, Villa Communale de Lecce, Italie.

Pierre de Fermat, « à qui on doit la première application du calcul aux quantités différentielles pour trouver des tangentes » (D'Alembert), n'était pas mathématicien de métier, mais magistrat. Statue érigée à Beaumont-de-Lomagne, sa ville natale.

Prudence et déclin politiques

Cette doctrine chrétienne, issue de la pensée du théologien néerlandais Jansénius, privilégie la grâce et la prédestination plutôt que le libre arbitre et les mérites de l'homme. Elle séduit peu à peu les parlementaires toulousains et la bourgeoisie de robe. Pendant l'épidémie de peste de 1652-1653, son chef de file, le chanoine Gabriel de Ciron, se distingue par une abnégation exemplaire. Une de ses pénitentes, Mme de Mondonville, fonde la Congrégation des Filles de l'Enfance de Notre-Seigneur, dont l'expulsion obtenue par les jésuites en 1686 donne lieu à des scènes cocasses. On rapporte ainsi que certaines « filles » cachées dans un grenier sautent dans le vide, au risque de se rompre le cou lorsqu'elles sont découvertes par les soldats.

Les prédicateurs, tout pénétrés d'ordre moral, blâment sévèrement les Toulousains qui s'adonnent au libertinage, comme les étudiants, souvent oisifs dans une université où les vacances durent « depuis la Saint-Jean jusqu'à la Saint-Martin » (du 21 juin au 11 novembre), selon une très sérieuse enquête officielle. Le philosophe libertin Giulio Cesare Vanini, athéiste convaincu, est condamné à mort par le Parlement de Toulouse en 1619. Il s'écriera qu' « Il n'y a ni Dieu ni Diable » avant d'avoir la langue arrachée.

Tant qu'ils n'entrent pas en lutte avec l'Église, les « beaux esprits » réussissent à s'exprimer. Pierre de Fermat, conseiller au Parlement, poète et mathématicien à ses heures, est le représentant le plus illustre d'un monde de magistrats, d'avocats, de professeurs et d'ecclésiastiques qui perpétuent la tradition de recherche et d'érudition issue de la Renaissance. Le théorème qui lui a valu la célébrité n'a reçu sa démonstration intégrale qu'en 1994 par les mathématiciens britanniques Wiles et Taylor. À partir de 1640, tous ces érudits se réunissent dans les séances organisées par les sociétés littéraires ou scientifiques. L'Académie royale, inspirée de l'Académie française, qui remplace les Jeux floraux en 1694, joue un rôle de premier ordre dans la vie intellectuelle locale où le français est souverain.

Toulouse fait preuve d'un loyalisme à toute épreuve. La ville fournit hommes, chevaux et armes à Louis XIII lors du siège de Montauban. En 1632, les capitouls et les parlementaires s'abstiennent prudemment de soutenir la révolte du gouverneur du Languedoc, le duc de Montmorency. Ce dernier avait pris part à un complot contre Richelieu alimenté par la colère suscitée chez le peuple par les impôts royaux. Défait par l'armée du roi à Castelnaudary, condamné à mort par le Parlement de Toulouse, le duc est décapité dans la cour du Capitole, le 30 octobre 1632, en présence de Louis XIII

Décapitation, le 30 octobre 1632, du duc de Montmorency, filleul du roi. Il n'est pas exécuté place Saint-Georges ou place du Salin, lieux habituels de supplice, mais dans la cour Henri-IV du Capitole, dont les portes barricadées sont gardées par les Suisses par crainte de l'« émotion populaire ». À tous ceux qui implorent sa grâce, Louis XIII répond : « Je ne serais pas roi si j'avais les sentiments des particuliers. » Le roi veut faire là un exemple : au-delà du châtiment infligé à un rebelle, il veut détruire à jamais les tentations d'autonomie régionale. Gravure anglaise. MPD.

L'entrée de Louis XIV à Toulouse, le 14 octobre 1659. Le roi, accompagné de la reine Anne d'Autriche et du duc d'Anjou, prête serment sur les Évangiles. En refusant la grâce du duc de Montmorency, le pouvoir royal a voulu faire un exemple : la leçon est entendue des Toulousains, qui s'abstiennent de participer à l'aventure de la Fronde. C'est une ville soumise qui accueille le Roi-Soleil en grande pompe. Elle ne fut guère récompensée de sa loyauté : sous Louis XIV, les libertés locales ne cessèrent de perdre du terrain devant les progrès de l'absolutisme incarné dans la Province par l'intendant.
Annales *de Toulouse (1658-1659).* AMT.

et de Richelieu en personne. La sympathie des Toulousains ne s'exprime que par des épîtres et quelques poèmes. Contrairement à Bordeaux, Toulouse reste fidèle au roi pendant la Fronde et seuls quelques libelles traduisent une certaine hostilité contre Mazarin. En 1659, Louis XIV entre donc dans une ville soumise dont les capitouls lui remettent les clés à genoux, comme le veut la tradition.

Pourtant, le roi dessaisit peu à peu la cité de ses anciens privilèges. Louis XIV obtient en 1687 que la nomination des capitouls dépende de l'administration royale avant d'instituer en 1692 des charges vénales et héréditaires. Privée du privilège d'assurer sa propre défense qu'elle revendiquait depuis le Moyen Âge, Toulouse passe en 1688 sous la tutelle d'un intendant, auquel elle doit référer pour toute dépense supérieure à 100 livres. Au cours de son long mandat (1685-1718), l'intendant Basville surveille de près l'administration de la ville où le Parlement est toujours prêt à affirmer sa préséance.

Les capitouls s'emploient alors à redorer le blason de Toulouse. Sur l'initiative du syndic Germain de Lafaille en 1674, l'architecte Jean-Pierre Rivalz aménage au Capitole la galerie des Peintures et celle des Hommes illustres. De retour de Rome, son fils, Antoine Rivalz, y accrochera ses tableaux à côté de ceux des peintres parisiens. Entre 1602 et 1606, Pierre Souffron a déjà doté le Capitole de sa cour Henri-IV, mais, faute de moyens, l'Hôtel de Ville n'est pas encore l'ambitieux palais communal dont rêvent ses occupants.

Pierre Souffron est surtout connu pour l'exubérante façade de pierre dont il orne l'hôtel du premier président François de Clary, nouveau propriétaire de l'hôtel de Bagis, rue de la Dalbade. Cet hôtel de Pierre suscite bien des jalousies et, comme c'est de Clary qui supervise les travaux du Pont-Neuf, on murmure dans la ville, qu' « il y a plus de pierres du pont à l'hôtel de pierre que de pierres au pont neuf »...

L'hôtel de Pierre (détail). Au XVIIe siècle, la façade sur rue est enrichie d'une décoration « baroque ».

Le canal du génie

Les deniers publics s'en vont surtout aux hôpitaux dans une ville accablée par trois flambées de peste. Faute de place à l'hôpital Saint-Sébastien de Saint-Cyprien, le camp des Sept-Deniers accueille les hommes malades ; celui de Bourrassol, rive gauche, est réservé aux femmes. À la fin du XVIIe et au début du XVIIIe siècle, la détérioration du climat fait apparaître un fléau bien connu des Toulousains : la famine. Les pouvoirs publics ont beau réquisitionner les grains et distribuer gratuitement du pain, de la viande et du vin, la mortalité enregistre une hausse spectaculaire, et la ville ne compte que 43 000 habitants à la fin du XVIIe siècle.

Dans cette ville profondément religieuse, les actes charitables, voire héroïques se multiplient : en 1631, le premier président du Parlement Le Mazuyer et trois capitouls demeurent et périssent à Toulouse pendant l'épidémie de peste, alors que les autres magistrats ont déserté la ville. Cependant, à partir de 1647, les pauvres,

« Nous avons signé un édit, dont l'idée et le texte viennent encore de Colbert, donnant au sieur Riquet, bourgeois de Béziers et homme de finance, le pouvoir d'entreprendre et diriger la grande œuvre d'un canal des deux mers, assurant la communication de la mer Océane à la Méditerranée. Cet ouvrage demandera au moins dix ou douze ans d'efforts, étant donné la longueur du tracé et les contraintes du relief : Colbert pense que, là où le canal de Briare requit 45 écluses, celui du sieur Riquet en pourroit comporter près de cent. S'il arrive à terme, ce canal des deux mers sera la merveille de la France. »

Journal secret de Louis XIV, *7e octobre 1666.*

Pierre-Paul Riquet saura habilement convaincre Colbert de l'intérêt politique et économique de la construction d'un « Canal entre deux mers » : « Monseigneur, s'il vous plaît de lire ma relation, vous jugerez que ce canal est faisable, qu'il est à la vérité difficile à cause du coût, mais que regardant le bien qu'il doit en arriver, l'on doit faire peu de considération de la dépense. »

Lettre de Riquet à Colbert, le 28 novembre 1662. MPD.

qui hantent les rues et les parvis des églises, sont enfermés ou chassés. Selon les vœux d'un prêtre influent, Arnaud Baric, l'hôpital des pestiférés Saint-Sébastien est transformé en « hôpital général », semblable à celui de Paris, placé sous le patronage de saint Joseph. C'est ainsi que naît l'hospice de la Grave (il est bâti sur les graviers de Garonne) qui catéchise et met au travail les innombrables miséreux.

Pour lutter contre le marasme économique, les capitouls font venir sur l'île de Tounis des ouvriers tourangeaux qui fabriquent des tissus bon marché et encouragent la plantation de mûriers pour l'élevage des vers à soie. Colbert crée la manufacture royale des poudres et des salpêtres (1667) au ramier du Château, près de la chaussée de Tounis, puis la manufacture royale des tabacs (1674). Surtout en 1666, un édit donne corps au projet d'un financier visionnaire natif de Béziers, Pierre-Paul Riquet, qui va transformer à jamais l'aspect de la région.

« Le Moïse du Languedoc », comme se surnomme lui-même Riquet, reprend l'idée des Romains de relier la Garonne, navigable de Bordeaux à Toulouse, à la Méditerranée par un canal alimenté par les eaux des torrents de

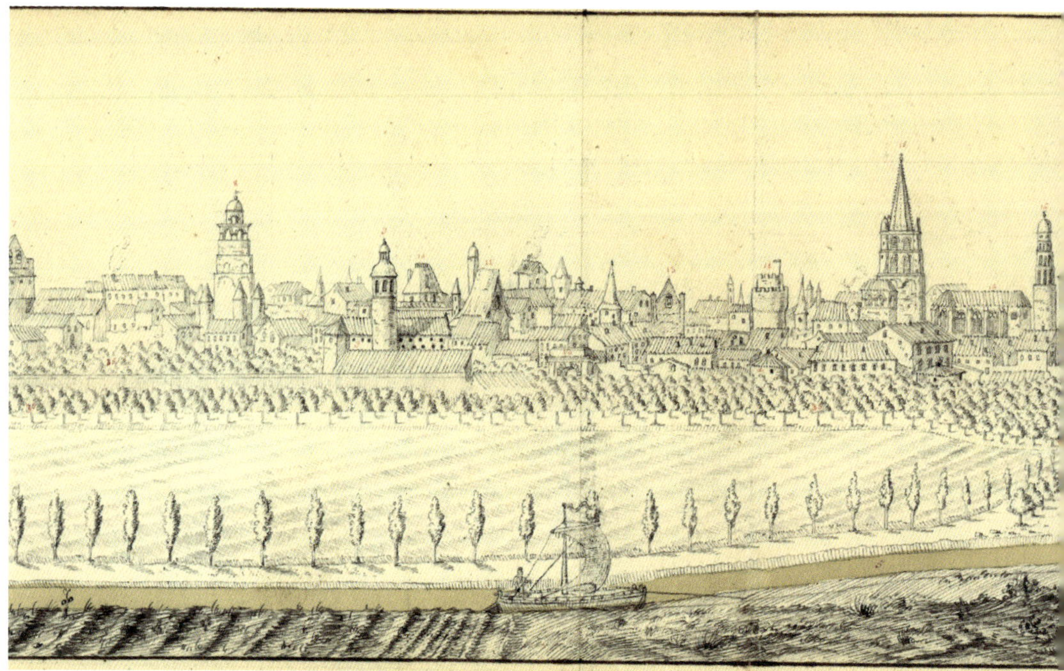

la Montagne Noire conduites au seuil de Naurouze, lieu du partage des eaux entre la Méditerranée et l'Atlantique. Les travaux commencent très vite. La première pierre du barrage de Saint-Ferréol est scellée en avril 1667, celle de l'écluse de la Garonne en novembre. En janvier 1670, le canal de Toulouse à Naurouze accueille un premier trafic de marchandises. Riquet meurt à l'âge de 71 ans, six mois avant le premier voyage d'inauguration sur le Canal des Deux-Mers, de Sète à la Garonne, le 15 mai 1681, en à peine 75 heures. Il laisse à ses deux fils, Jean Mathias et Pierre-Paul, quelque deux millions de dettes qu'ils épongeront grâce à la vente d'une partie des actifs de l'entreprise et à leur gestion habile.

Riquet et les commissaires enquêtent au seuil de Naurouze, avant la décision d'entreprendre la construction du Canal. MPD.

La « Vue de la ville de Toulouse prise du côté du Canal des Mers », dessin réalisé en 1775 par Gilles Pins, directeur général du Canal Royal du Languedoc. VNF.

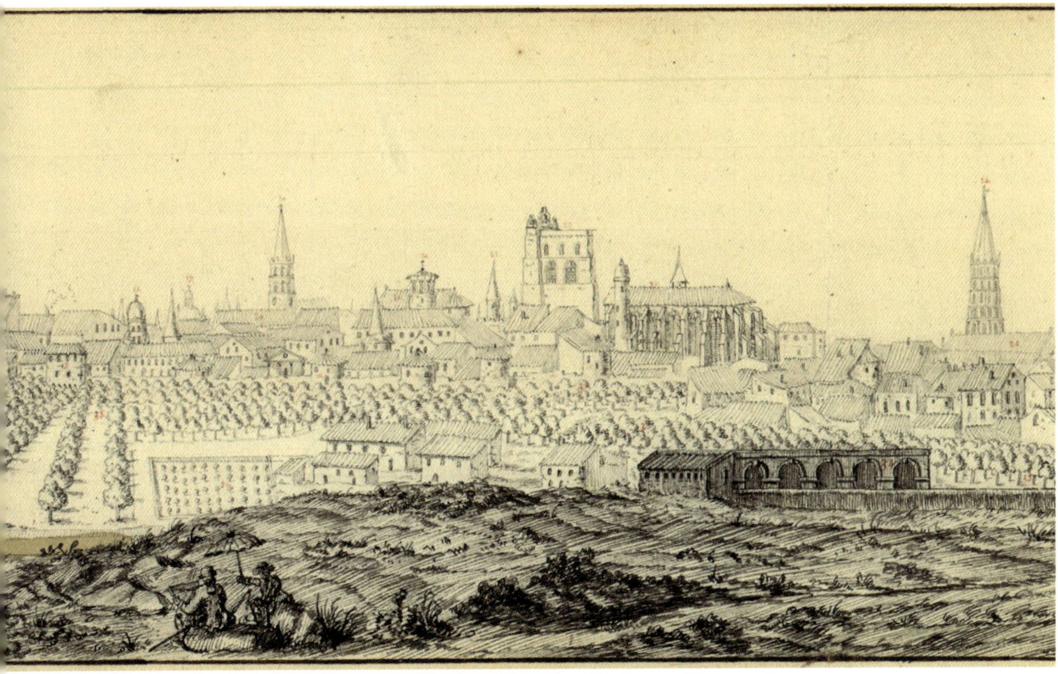

« Cette carte montre l' arrivée de la rigole de la Plaine dans le bief de partage, à Naurouze, via un grand bassin octogonal. Ce dernier fut creusé mais rapidement ensablé, ne pouvant jouer le rôle de régulation qui lui était assigné et encore moins celui de port fluvial qu'avait un moment imaginé Riquet. C'est la retenue de Saint-Ferréol qui assurera la fonction de régulation des eaux et le bassin de

Castelnaudary celle de port à proximité du sommet du canal. Le vaste cartouche de droite célèbre d'une manière préromantique le creusement de la rigole dans les rochers de la Montagne. »

Michel Cotte,

Le canal du Midi, « merveille de l'Europe »

7e carte des bassins et rigoles d'alimentation du Canal du Languedoc (vers 1760). VNF.

Détail de la façade du théâtre du Capitole, côté square (XIXe siècle).

La noblesse toulousaine se rend au théâtre du Capitole, qui a été aménagé, dans le courant du siècle, par Guillaume Cammas et qui sert tant pour la comédie que pour l'opéra. On y donne de fort bonnes représentations : en 1785, la voyageuse anglaise Mrs Cradok peut y admirer « la Dugazon » dans Les Trois Sultanes *de Favart et* La Serva padrona *de Pergolèse.*

DES LUMIÈRES CERNÉES D'OMBRES 1715-1788

Au XVIIIe siècle siècle, Toulouse reste dominée par les nobles parlementaires qui jouent un rôle prépondérant dans l'économie de la ville. Ces derniers tirent profit des campagnes environnantes où ils possèdent des terres, qui se transforment en greniers à blé du royaume. La culture du maïs, introduite au XVIIe siècle et réservée à la consommation locale, permet en effet de commercialiser, *via* le canal des Deux-Mers, le blé récolté vers les régions méditerranéennes, mais aussi Paris, l'Espagne, l'Angleterre et les Pays-Bas.

Mais Toulouse ne vit pas seulement de la fertilité de ses campagnes. À la Bourse, les quelque 80 corps de métiers et 1 500 détaillants du « petit tableau » et les 280 négociants du « grand tableau » affichent la bonne santé de l'artisanat et du petit commerce. En revanche, la ville n'a pas encore trouvé de vocation industrielle. Avec ses quarante métiers, la manufacture de tissus fins et légers, créée par le Lyonnais Nicolas-Virgile Liotard en 1764, fait souffler un vent de nouveauté dans le textile.
La bonneterie et les fabriques de coton – cotonnades, indiennes, couvertures et molletons – prennent le relais de la draperie

et de la soierie en perte de vitesse et emploient, souvent à domicile, des femmes des faubourgs et des villages voisins. Mais les fabriques toulousaines sont peu nombreuses en comparaison de celles de Carcassonne ou de Castres.

En 1789, la cité compte 60 000 habitants (soit une augmentation de 40 % en un siècle). Ceux-ci peuplent principalement les villages du « gardiage », cette banlieue rurale qu'administrent les capitouls, et les faubourgs Saint-Étienne, Saint-Sauveur, Saint-Aubin, entre les vieux remparts et le canal.

Dans cette capitale judiciaire, les magistrats, leurs familles et leur domesticité représentent à

La place du Capitole en 1775 avec le monument qu'on y éleva pour le feu d'artifice célébrant le retour du Parlement. Ébloui, Pierre Barthès raconte que les « plaisirs furent fournis au peuple aux frais de la ville, qui sans exagérer a donné en cette occasion une fête telle qu'on n'en avait jamais vue de mémoire d'homme à Toulouse ». (mars 1775). La base du théâtre du feu d'artifice était pourvue de quatre fontaines de vin qui coulèrent une journée durant... Gouache de Moretti (XVIIIe siècle). CP.

eux seuls 20 % de la population. Les auberges toulousaines accueillent d'ailleurs en grand nombre les justiciables de ce Parlement tout puissant que mènent à la ville les diligences, les carrosses ou les cabriolets des messageries royales.

Bien desservie par les routes construites par les États de Languedoc, Toulouse est une ville de trafic et de transit ; transportant aussi bien les marchandises que les hommes, grâce à ses bateaux-postes de 150 passagers qui circulent entre Toulouse et Agde, le canal en est une bonne illustration.

Un urbanisme ambitieux

La façade du Capitole par Guillaume Cammas (XVIIIe siècle). Sur la base du fronton on peut lire l'inscription « Capitolium », *de* « capitulum » *(terme qui désignait jusqu'au XVIe siècle le chapitre capitulaire) et* Capitolium *(Capitole) qui marquait la volonté de rattacher l'assemblée des capitouls à l'antique Sénat romain.*

Au milieu du siècle, la ville conserve bien des traits du Moyen Âge : elle est ceinturée par des remparts mal entretenus ; des maisons de bois et de torchis s'alignent le long de ruelles étroites ; les femmes viennent puiser de l'eau ou laver leur linge sur les rives peu riantes de la Garonnette, où se déversent les déchets des abattoirs et des teintureries.

Toulouse change cependant de visage à partir des années 1740, grâce à une politique d'urbanisme ambitieuse qui marquera durablement la ville, en partie inspirée par le Projet pour le commerce et pour les embellissements de Toulouse de Louis de Mondran, un noble soucieux du bien-être des Toulousains. Ainsi le Capitole se pare-t-il d'une nouvelle façade en 1760, signée par l'architecte de la ville Guillaume Cammas, dont la construction dure dix ans. De proportions imposantes — 128 mètres de large —, cette façade arbore dans sa partie centrale huit colonnes en marbre de Caunes symbolisant les huit capitouls. Un badigeon blanc dissimulera ses briques roses, jugées sans doute trop provinciales, et ses pierres claires jusqu'à la fin du XIXe siècle.

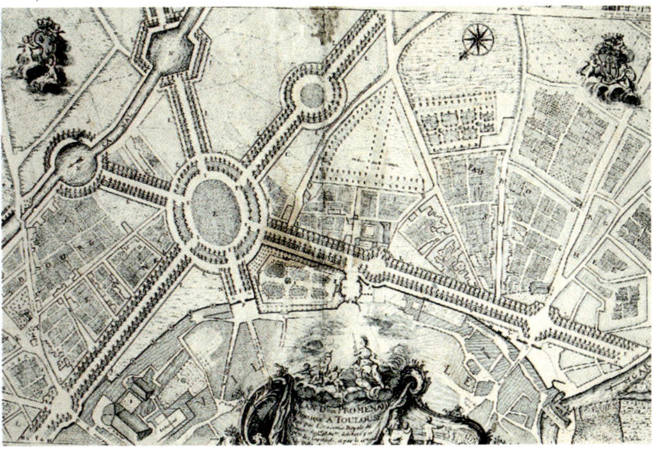

Projet de la Promenade de l'Ovale *par Louis de Mondran. Ce vaste programme, dont seules les promenades furent réalisées, était destiné à relancer l'activité de la ville. Il prévoyait d'aérer la ville en aménageant axes de circulation, places, monuments publics, jardins. Gravure de Baour parue en 1752.* *MPD.*

Le cardinal Loménie de Brienne aux Ponts-Jumeaux, en 1775.
L'archevêque de Toulouse rend visite à François Lucas qui termine le relief des Ponts-Jumeaux. Peinture d'Édouard Debat-Ponsan (1847 - 1913). Capitole, salle des Illustres.

En juin 1778, la place Royale (l'actuelle place du Capitole), aménagée dès 1730, sert de lieu de manifestation à plusieurs milliers de personnes protestant contre l'injonction faite aux artisans de servir dans la « patrouille bourgeoise ».

Hors du rempart, six larges allées partent en étoile d'un terre-plein central, le Boulingrin ou Grand-Rond (1752-1754), agrémenté d'un jardin à la française, le Jardin royal. Les rives de la Garonne se métamorphosent aussi. Rive gauche, pour faire obstacle aux inondations, le cours Dillon, du nom de l'archevêque de Toulouse d'origine irlandaise, Arthur Dillon, aligne sa digue bordée d'arbres. Rive droite, se dressent des quais monumentaux entre le Pont-Neuf et le Bazacle. En amont de la chaussée, un canal creusé jusqu'aux Ponts-Jumeaux de 1770 à 1776 à l'initiative du mécène parisien et archevêque de Toulouse Loménie de Brienne permet de relier la Garonne au canal de Languedoc. De l'urbanisme du temps des Lumières subsistent aussi les statues de pierre de la porte Saint-Cyprien dans l'axe d'une nouvelle artère percée à partir du Pont-Neuf, ou encore l'original bas-relief en marbre de Carrare sculpté aux Ponts-Jumeaux par François Lucas.

Apparaissent des hôtels particuliers au style nouveau comme l'hôtel de Nupces, rue de la Bourse, le magnifique hôtel de

Puivert, rue Bouquières, les hôtels de Bonnefoy, de Castellane et le très bel hôtel Bonfontan, rue Croix-Baragnon… Annoncés par de vastes portails, agrémentés de balcons en fer forgé et de jardins, ils se distinguent par une luxueuse décoration intérieure et possèdent parfois des « cabinets de bain », ancêtres de nos salles de bain modernes. À la campagne, les nombreux châteaux (La Reynerie, Lanta, Merville, etc.) accueillent à la belle saison leurs hôtes de marque avec un faste moins ostentatoire.

L'intérieur des églises s'enrichit encore. La chapelle des Pénitents-Bleus reçoit les magnifiques bas-reliefs en stuc de Marc Arcis ; le maître ferronnier Bernard Ortet travaille aux grilles du chœur de la cathédrale ; les beaux anges sortis du ciseau de François Lucas se dressent sur l'autel de l'église des Chartreux, rue Valade.

Détail du bas-relief des Pont-Jumeaux (1773-1775) sculpté en marbre de Carrare par François Lucas, Port de l'Embouchure. Il figure « la Province du Languedoc qui ordonne à l'ancien canal, dont les eaux se répandent dans la Garonne, de recevoir à son tour par une nouvelle communication les eaux du fleuve pour une plus grande facilité de la circulation et du commerce ».

*L'*Apothéose de sainte Thérèse d'Avila.
Avec la Contre-Réforme se développent les décors peints dans lesquels éclate l'image que veut donner alors le catholicisme romain triomphant des hérésies. Celui de la chapelle des Carmélites, signé Jean-Pierre Rivalz et Jean-Baptiste Despax, en offre l'un des témoignages les plus forts, avec le jeu subtil de correspondances iconographiques qui unit l'histoire de sainte Thérèse, réformatrice du Carmel, d'Élie et d'Élisée. Chapelle des Carmélites (XVIIe-XVIIIe siècles).

La chapelle des Carmélites, rue du Périgord, constitue pour sa part un des joyaux de la peinture toulousaine des XVIIe et XVIIIe siècles. Ses décors peints en trompe l'œil sont en partie dûs à Jean-Pierre Rivalz qui s'inspire au XVIIe siècle de la chapelle Sixtine en reprenant les figures allégoriques des vertus. Son successeur Jean-Baptiste Despax, le plus représentatif des maîtres toulousains, achève cette œuvre qui glorifie les prophètes Élie et Élisée, ainsi que sainte Thérèse d'Avila, réformatrice du Carmel.

Mais Toulouse brille avant tout par son extraordinaire vitalité culturelle : en effet, elle est la seule ville de province à s'enorgueillir de trois académies royales. Les Jeux floraux attirent toujours autant les poètes. À partir de 1746, l'Académie des sciences, inscriptions et belles

lettres, qui dispose d'un observatoire et d'un jardin des plantes, se distingue par un étonnant dynamisme (cours de botanique, concours, publications...). L'Académie de peinture, sculpture et architecture, née en 1750, anime aussi une école de dessin très appréciée des Toulousains et organise des salons.

Une séance de modèle vivant à l'Académie royale de Toulouse. Eau-forte de Jacques Gamelin (1738 - 1803). MPD.

Dans les années 1780, le Musée, à vocation littéraire, et la Société encyclopédique, au public plus spécialisé, enrichissent encore la vie culturelle de la cité. Plus confidentielles, les loges maçonniques connaissent un succès grandissant avec douze ateliers correspondant aux grades d'apprenti, de compagnon et de maître. Déjà amateurs de musique et de théâtre, les Toulousains se pressent souvent dans la salle de spectacle du Capitole et peuvent lire dès 1759 les articles publiés dans les *Affiches de Toulouse*. Loin de ces plaisirs raffinés, le spectacle de la rue comble le peuple, ainsi l'arrivée en 1720 d'un Turc authentique confié à la garde de trente soldats, ou la barbarie toute moyenâgeuse des exécutions publiques.

Le plan Saget, gravé par Berthault en 1777, est le premier plan exact de Toulouse. Saint-Cyprien occupe le centre, le faubourg s'ouvre audacieusement vers l'ouest. Sur la rive droite, — la ville n'est pas traitée à la même échelle —,

apparaît une transformation radicale : la construction, entre le Pont-Neuf et le Bazac
du quai de la Daurade, échancré du Port de la Daurade et du Port Saint-Pier
Au cœur de la cité, la place Royale [place du Capitole], naguère en trapèze, se régularise

Dans une lettre à Voltaire datée de 1768, l'abbé Audra écrit qu'« il n'est peut-être aucune ville du royaume où il y ait autant de gens éclairés ». Mais d'évoquer plus loin « l'extérieur de la superstition qui déshonore cette ville et qui la fait ressembler à une ville espagnole ».

Les adieux de Calas à sa famille. *Peinture de Jean-Jacques Bestieu (1776-1800). MA.*

Un « peuple superstitieux et emporté »

Les idées nouvelles, notamment celle de tolérance, se diffusent dans les diverses sociétés. L'Académie des Jeux floraux met l'*Éloge de Jean-Jacques Rousseau* au programme de son concours d'éloquence en 1786 et 1787, créant ainsi une première en France. Le collège royal, où des professeurs séculiers, voire laïques, ont pris la place des jésuites, expulsés par le Parlement de Toulouse, s'ouvre aux idées éclairées. En 1768, l'abbé Joseph Audra, qui enseigne l'histoire, vante les mérites de Toulouse à Voltaire,

présent, avec Diderot et Rousseau, dans toutes les bibliothèques. Dans son *Traité sur la tolérance*, le philosophe peste cependant contre ce « peuple superstitieux et emporté ».

En dépit du déclin de l'Église, les Toulousains restent en effet massivement catholiques et l'affaire Calas leur donne une nouvelle fois l'occasion de manifester leur hostilité vis-à-vis des protestants. Après la découverte du cadavre de son fils, au soir du 13 octobre 1761, dans sa boutique située 50, rue des Filatiers, Jean Calas, un marchand linger protestant, est accusé d'assassinat. Avec la complicité de sa famille et d'un ami, il aurait voulu empêcher son fils de se convertir au catholicisme. Au terme d'un procès à charge, Calas est attaché à la roue, place Saint-Georges, le 10 mars 1762. Au cours de sa lente agonie, l'homme n'avoue rien. Trois accusés sont finalement relaxés, et Pierre Calas, le frère du défunt, est condamné au bannissement perpétuel pour avoir tenu des propos antireligieux. Voltaire s'empare alors de l'affaire et alerte les grands de ce monde, parmi lesquels le roi Frédéric de Prusse et l'impératrice Catherine de Russie ; à l'origine d'un vaste mouvement d'opinion à travers cette « Europe éclairée », le philosophe obtient en 1765 la réhabilitation des cinq victimes de cette sombre affaire.

Calas est roué place Saint-Georges, le 10 mars 1762. Gravure anglaise. MPD.

« Par arrêt de la Cour, du jour d'hier, 9 du mois, et exécuté aujourd'hui, 10, à 4 heures 1/2 du soir, le sieur Jean Calas [...], convaincu d'avoir étranglé dans sa maison Marc-Antoine Calas, son fils aîné, a été condamné à être rompu vif, et être mis sur la roue pendant deux heures, pour ensuite être étranglé, puis jeté dans le feu pour y être consumé et les cendres jetées au vent, ce qui a été exécuté à la lettre aujourd'hui 10 de ce mois, à la place Saint-Georges, à l'heure ci-dessus marquée. [...] Il est mort dans la réprobation, comme nous devons le croire, et n'en a pas moins subi le supplice auquel il était condamné, à la vue d'un peuple innombrable, même de gens de la campagne, venus exprès dans cette ville pour voir mourir un père, qui, faisant une insigne violence à la nature, n'a pas eu horreur d'étrangler son propre fils : "Nemo parricidae supplicio misericordi commovetur. (Cic, 4. Tusc.)" »

Pierre Barthès, les Heures perdues, *mars 1762.*

Le déchaînement des passions suscité par ce célèbre fait-divers est bien éloigné des activités caritatives dans lesquelles s'investissent certains Toulousains. Des « bouillons des pauvres », ou maisons de charité, sont créés dans chaque paroisse pour accueillir les miséreux qui peuplent la ville et dont s'occupent aussi les confréries, les couvents, et les francs-maçons. Les formes de solidarité de l'époque ont une résonance étrangement moderne comme les consultations gratuites dispensées par la faculté de médecine ou l'aide judiciaire des plaideurs bénévoles de la Conférence de charité des avocats... Cependant, les pouvoirs publics enjoignent toujours aux vagabonds de quitter la ville et continuent à faire conduire à l'hôpital général les hommes valides.

Guillaume Melon, capitoul en 1725. Peinture d'Antoine Rivalz. MBN.

Premier président de Cambon. Dernier président du Parlement de Toulouse en 1787, de Cambon échappera à la guillotine. Il est surtout connu pour son grand train de vie et sa précieuse collection de porcelaines de Chine. Huile sur toile (XIXe siècle). CAT.

Les parlementaires deviennent les véritables maîtres de Toulouse tandis qu'en 1778, la vieille institution des capitouls connaît une de ses dernières réformes : désormais nommés pour quatre ans, ces derniers ne représentent plus des quartiers dont leur gonfalonier portait autrefois les couleurs, mais des « classes » de Toulousains. Les magistrats s'opposent souvent à la monarchie qui les sanctionne sévèrement : en 1763, ils sont mis aux arrêts pour avoir contesté l'enregistrement d'édits fiscaux, en 1771, ils sont exilés par lettres de cachet pour avoir refusé d'appliquer la réforme judiciaire du chancelier Maupéou. Aussi, quand Loménie de Brienne, devenu ministre de Louis XVI, décide en 1788 de réduire le nombre de parlementaires et de créer des juridictions nouvelles, les bailliages, les Toulousains font-ils corps derrière ces magistrats qui apparaissent comme le meilleur rempart contre les excès de la monarchie.

Le Garçon apothicaire du couvent des cordeliers.

*La taille du pilon et du mortier suggère l'importance croissante de l'usage des médicaments et de la clientèle des apothicaires au XVIII*e *siècle. Bois peint d'Antoine Rivalz.*

MA.

Bonnet phrygien et sa cocarde.
Drap rouge.
Époque révolutionnaire.
MPD.

Tabatière à médaillon représentant « l'Amour sans-culotte ».

« Quand l'amour en bonnet se retrouve sans culotte, la liberté lui plaît, il en fera sa marotte. »
MPD.

LES ANNÉES DE RUPTURE 1789-1800

À la veille de la réunion des États généraux de 1789, rien ne laisse présager la Révolution à Toulouse et, lorsque les trois ordres de la sénéchaussée (clergé, noblesse, Tiers État) se réunissent le 26 mars 1789 au couvent des Cordeliers pour élire leurs députés, personne ne remet en cause le Parlement qui fait vivre la ville. Celle-ci entre presque tranquillement dans la Révolution. La transformation des États généraux en Assemblée constituante y est bien accueillie. L'annonce de la prise de la Bastille est suivie d'une violente émeute, le 27 juillet. Mais, en ce temps de pénurie, les pauvres et les mendiants ne s'en prennent pas au Parlement, siège de l'autorité royale : ils préfèrent se rendre au couvent des Augustins, où les réserves de blé sont pillées puis vendues au peuple à bas prix.

Peu après, on parle d'attaques de châteaux par les paysans, de pillages de récoltes, d'incendies d'archives... La sécurité de la ville est confiée à des légions de la Garde nationale parmi lesquelles figure un certain Dominique Dupuy, onzième et avant-dernier fils d'un maître boulanger de la rue de la Pomme. Ce futur général de Bonaparte, qui connaîtra une mort héroïque au Caire en 1798, fait alors partie du camp des patriotes, opposés aux aristocrates du chevalier de Cambon, qui ont pour fer de lance la redoutable deuxième légion de Saint-Barthélemy, au cœur du quartier du Parlement.

Le 10 mai 1790, la plupart des quinze légions toulousaines portent secours avec celles de Bordeaux aux gardes nationaux de Montauban, dépassés par la Contre-Révolution. Les mérites de cette alliance sont célébrés les 4 et 5 juillet lors de la première fête de la Fédération, qui réunit

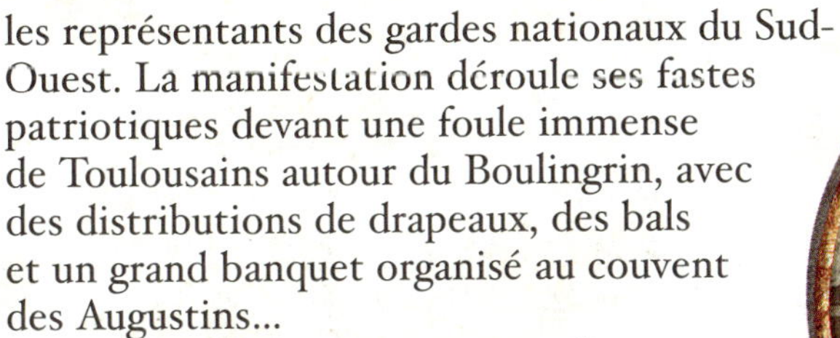

les représentants des gardes nationaux du Sud-Ouest. La manifestation déroule ses fastes patriotiques devant une foule immense de Toulousains autour du Boulingrin, avec des distributions de drapeaux, des bals et un grand banquet organisé au couvent des Augustins...

Les réformes institutionnelles suscitent néanmoins quelques remous. La loi du 14 décembre 1789 a remplacé presque sans heurts le capitoulat par un Conseil général de la Commune composé de dix-huit membres élus au suffrage censitaire, sous la présidence d'un maire. En 1791, la cité est découpée en quinze sections électorales aux noms éloquents (de la Fraternité, du Département, du District...) qui se démarquent des anciens capitoulats.

Le général Dupuy. En 1761, il est à la tête de la 32e brigade qui, le 31 juillet, est à l'honneur à la bataille de Lonato. Bonaparte écrit au Directoire : « J'étais tranquille, la brave 32e était là. » Portrait attribué à Jean Bauzil.
MPD.

Un officier à cheval de la « Légion de Toulouse » de la Garde nationale de 1789. Au fond le Pont-Neuf et la Daurade. Gravure sur cuivre de Bidault.
MVT.

La fête de la Fédération de Toulouse, le 4 juillet 1790, au Boulingrin. Y participent les représentants de 40 000 Gardes nationaux de l'Aude, de l'Ariège, du Gers, du Tarn, de l'Aveyron, du Lot, du Lot-et-Garonne et de la Haute-Garonne. Peinture de Joseph Roques (1790). MA.

L'ÉVÊQUE « JUREUR » INSULTÉ

La suppression des provinces et des Parlements décidée par la loi du 24 août 1790 provoque la consternation chez les habitants qui vivent directement ou non de l'activité judiciaire de la cité. Toulouse se voit dotée d'un tribunal criminel dont le ressort est limité à la seule Haute-Garonne, petit département charpenté autour de la vallée de la Garonne. Les magistrats, en formation réduite, protestent solennellement contre cette décision et mettent en cause la légitimité de la Constituante... qui prononce leur comparution en Haute Cour. Ils doivent alors se cacher ou s'enfuir en Espagne, vidant peu à peu la ville de ses élites.

La réforme ecclésiastique du 12 juillet 1790 déchaîne bien plus encore les passions. Les prêtres toulousains et leurs fidèles s'opposent

farouchement à la Constitution civile qui supprime les vœux monastiques, transforme le clergé en un corps de fonctionnaires salariés et ordonne la vente de tous les biens de l'Église. Dans un climat propice à l'affrontement, des incidents éclatent le 17 mars 1791 entre la légion de Saint-Nicolas, du quartier populaire de Saint-Cyprien, et la seconde légion de Saint-Barthélemy ; ils se soldent par la mort de trois patriotes, place Perchepinte, et la dissolution de la seconde légion.

L'évêque constitutionnel Hyacynthe Sermet, cultivé et éclairé, ancien professeur de théologie au couvent des Carmes déchaussés, ne viendra jamais à bout de l'influence des prêtres réfractaires encadrés par l'*Aa* (*Associatio amicorum*), une association secrète de piété. Les dévotes vont jusqu'à cracher sur son passage..., même si l'évêque « jureur » organise le transfert des reliques de saint Thomas d'Aquin de l'église désaffectée des Jacobins à la basilique Saint-Sernin pour se concilier leurs bonnes grâces.

Malgré ces oppositions, les patriotes, appelés souvent jacobins, deviennent les maîtres de la ville. Dès le 6 mai 1790, des artisans et des négociants ont fondé le Club

Bonnet phrygien en forme de bonnet de police (vers 1793-1794). Drap bleu foncé, broderie au passé de soie polychrome. MPD.

L'évêque constitutionnel Hyacynthe Sermet. Les fidèles ne lui accordèrent pas leur confiance malgré ses titres prestigieux (professeur de théologie et de philosophie au couvent des Carmes déchaux, membre de l'Académie des sciences de Toulouse). MPD.

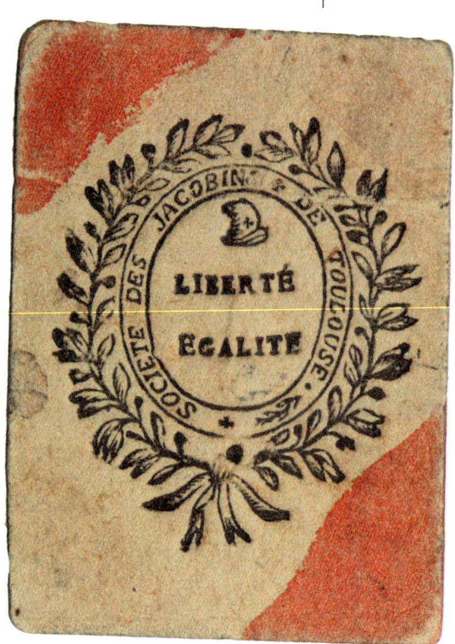

littéraire et patriotique, vite affilié au très célèbre club parisien des « Amis de la Constitution » siégeant dans le couvent des Jacobins. Largement épaulé par la presse (*Le Nouvelliste national*, le *Journal universel* du département de la Haute-Garonne, l'*Homé Franc*, « journal tout noubel en patois faït esprés per Toulouse »), le club des Jacobins de Toulouse tisse un réseau actif de petits clubs dans la région. Le 14 décembre 1791, dans un contexte de méfiance grandissante à l'égard du roi, il crée, parmi les premiers, un « comité de surveillance » pour observer les manœuvres des ennemis de la Révolution. Entre temps, le bouillant Dominique Dupuy est devenu lieutenant-colonel en second du 1er bataillon de la Haute-Garonne car la menace de la guerre se précise entre la France révolutionnaire et les « tyrans conjurés ».

Cartes des membres des clubs toulousains des amis des Jacobins et de la Constitution (1791-1793). AMT.

Après la chute de la monarchie, le 10 août 1792, Toulouse est invitée, comme les autres villes de France, à se débarrasser des symboles du despotisme : la statue de Louis XVI est mise en pièces au Pont-Neuf. Dans la cité, la guerre déclarée à l'Autriche le 21 avril 1792 a creusé un fossé entre les jacobins des clubs, résolus à lutter aussi contre les ennemis intérieurs, et les modérés girondins, dominant les autorités constituées.

Cependant, en juin 1793, alors que la plupart des départements s'opposent à la Convention et à la « dictature de Paris », les girondins toulousains font capoter le mouvement fédéraliste en refusant la proposition d'organisation fédérale de Bordeaux. Certains historiens y verront une dérobade ; d'autres une manifestation de patriotisme car les armées insurgées comptent dans leurs rangs un grand nombre de royalistes, ennemis de la République.

Terreur sur la ville

Les représailles de la Terreur n'en épargnent pas moins la ville. En prémisse à cette sombre période, le 10 août 1793, les Toulousains sont incités à brûler solennellement place de la Liberté (place du Capitole) les magnifiques miniatures des *Annales* pour tourner définitivement une page de l'histoire de la cité.

La guerre déclarée à l'Espagne le 7 mars 1793 mobilise alors toutes les énergies, d'autant que les troupes républicaines reculent. C'est en partie à Toulouse, base arrière de l'armée des Pyrénées, que va se forger la victoire. Un arsenal est installé dans le couvent des Chartreux, dont subsistent les arcades, près de l'actuelle Faculté de droit. Les cloches et les vieux métaux servent à fondre des canons dans l'ancien couvent des Clarisses (aujourd'hui Institut Catholique), les cendres et le salpêtre à fabriquer de la poudre. Sur le canal, les barques reviennent avec les blessés, accueillis dans les hôpitaux militaires improvisés dans certains couvents.

Machine proposée à l'Assemblée nationale pour le supplice des criminels par M. Guillotin. Le bourreau est prié de détourner les yeux en accomplissant sa basse besogne. MPD.

Les opposants au régime sont arrêtés, jugés, parfois exécutés. À partir d'octobre 1793, les suspects sont traqués par l'armée révolutionnaire, sorte de police politique mise en place par le représentant en mission Paganel. On enferme les prêtres insermentés dans le couvent de Sainte-Catherine, près du Capitole, les Fédéralistes aux Carmélites. Les aristocrates, les parents d'émigrés, les citoyens suspects font un séjour dans les geôles toulousaines qui comptent parfois jusqu'à 1 000 reclus... En janvier 1794, le tribunal criminel de

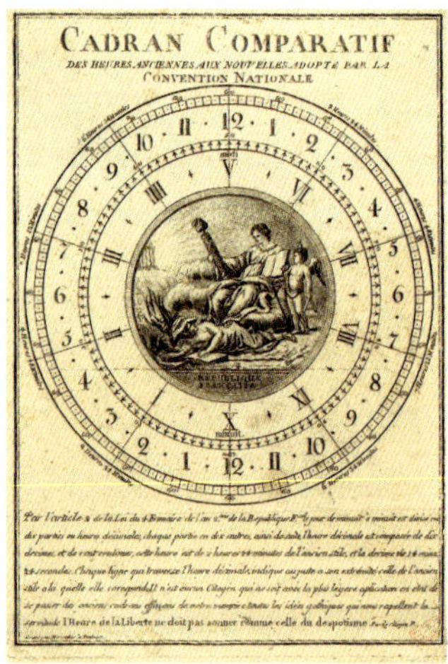

Cadran comparatif. MPD.

« La Convention, pour rompre avec le christianisme et diviser le temps d'une manière rationnelle, adopte les 5 octobre et 24 novembre 1793 le "calendrier" républicain : douze mois de décades chacun, plus, à la fin de l'année, cinq ou six jours complémentaires. Elle songe à diviser la journée en 20 heures au lieu de 24. Ainsi fut établi ce projet d'horloge décimale. Mais il ne fut pas appliqué. »

Henri Ramet, Histoire de Toulouse.

Haute-Garonne est érigé en tribunal révolutionnaire. Plus de quarante personnes sont exécutées place de la Liberté où se dresse la guillotine, et 53 anciens conseillers au Parlement sont condamnés à mort à Paris pendant la Terreur montagnarde. Plus anecdotiques mais tout aussi significatifs, les nouveaux noms des rues de Toulouse : de la Liberté pour la rue Saint-Rome, de la Guillotine pour la rue de la Dalbade, Ça Ira pour la rue de la Pomme, etc. Le clocher de la Dalbade est « raccourci ». Quelques mois plus tard, en 1795, la flèche des Jacobins est abattue parce qu' « elle outrageait le principe de l'égalité ».

La chute de Robespierre marque la fin de la Terreur, le 27 juillet 1794 (9 thermidor an II). Dans une ville en partie désertée par les militaires, aux rues sales, s'organise peu à peu la réaction thermidorienne. Les muscadins, élégants portant chapeau rond, habits à longue basque et souliers pointus, se réunissent alors au café du Jardin royal et au café Rouaix avant de partir à la chasse aux jacobins.

Ces derniers, volontiers traités de « terroristes » ou de « buveurs de sang » par leurs adversaires, reprennent les commandes de la ville sous le Directoire à partir de 1795. Toulouse devient une ville « rouge » dans un département « blanc ». Aux excès de la « jacobinière » toulousaine, prompte à coiffer du bonnet rouge les arbres de la Liberté, ou à défier les muscadins au théâtre, répond l'offensive royaliste menée dans la nuit du 5 au 6 août 1799 par le général Rougé et ses 10 000 hommes.

Les troupes s'installent autour du Boulingrin, attendant l'aide des royalistes toulousains pour franchir la vieille enceinte. En vain... Le 9 août, les forces républicaines parviennent à repousser les assaillants vers la Garonne où certains périssent noyés. Les royalistes sont finalement écrasés le 20 août à Montréjeau, dans le sud du département.

Avec près de 4 000 victimes, l'insurrection de l'an VII constitue l'épisode le plus meurtrier de la Révolution dans le Midi toulousain, mais il sera pratiquement passé sous silence par Bonaparte, soucieux de garantir la réconciliation nationale. La plupart des prisonniers sont d'ailleurs vite libérés sans jugement comme « agriculteurs ».

Projet pour un char allégorique servant au transport d'un arbre de la Liberté. Plume relevée d'aquarelle de Mortreuil (fin 1793 - début 1794).
MPD.

L'une des « vues de Toulouse » produites par la manufacture Fouque et Arnoux au couvent de Saint-Bernardin (vers 1830). MPD.

Depuis 1815, les plaques de rue sont inscrites sur fond jaune pour les rues parallèles à la Garonne, sur fond blanc pour celles qui sont perpendiculaires ou en biais par rapport au fleuve.

« Cette nuit, j'ai entendu sonner les quarts et les demies des heures par de belles cloches, bene intonuate *à l'italienne ; ce matin, j'ai été réveillé dans le ciel par toutes les cloches de la ville sonnant l'Angélus par des successions de belles notes placées à beaux intervalles, comme en Italie. C'est le plaisir qui m'a réveillé, car le bruit était bien petit. »*

Stendhal, 1838.

UNE VILLE SCLÉROSÉE
1800-1852

Dans la première moitié du XIXe siècle, Toulouse semble repliée sur ses vieilles structures sociales et économiques. Les élites de la cité continuent à tirer leurs revenus de la terre ou des immeubles, et à vivre comme des aristocrates.

La ville n'a pas encore trouvé de grande vocation industrielle. En 1808, le blocus continental sonne le glas de la grande entreprise de tissage et de filature de coton à l'anglaise du Bordelais Boyer-Fonfrède. Installé à Toulouse en 1791, l'industriel avait obtenu la cession des couvents des Jacobins et des Bénédictins de la Daurade pour implanter une manufacture moderne employant essentiellement une main d'œuvre féminine et des enfants. La manufacture des tabacs investit par la suite le couvent de la Daurade et fonde une annexe au Bazacle en 1821.

Une fabrique de faux, qui s'installe au Bazacle en 1815, se taille un beau succès sur le marché français, mais elle est transférée dans le Tarn au milieu du siècle. Toulouse doit aussi dire adieu à sa faïencerie, qui occupait quelque 400 ouvriers : la manufacture Fouque et Arnoux déménage à Valentine, dont le fameux « bleu » va assurer la réputation, à côté des ateliers plus anciens de Martres-Tolosane et de Saint-Gaudens.

Un grand nombre d'ouvriers travaillent dans les minoteries des moulins du Bazacle et du Château, mais Toulouse confirme surtout son rôle de ville de négoce, au calendrier rythmé par les foires aux bestiaux et aux draps, et aux matinées animées par le marché du Capitole.

Le cœur de la cité change peu. Il y règne une odeur nauséabonde : les Toulousains, au mode de vie très rural, s'entourent de poulets, de chèvres, de moutons, voire de porcs, et n'ont pas de scrupule à jeter leurs ordures directement par les fenêtres. Lors de son séjour dans la ville en 1838, Stendhal peut à juste titre pester contre les glissants galets de la Garonne, « petits pavés gris noir, de la forme d'un rognon à la brochette », faiblement éclairés par des lampadaires à huile, auxquels se substitue l'éclairage au gaz à partir de 1842. Signe de survivance aristocratique, les carrosses et les chaises à porteurs sillonnent toujours le dédale des rues et des ruelles, avant l'arrivée des voitures de place en 1838.

Pas de patois à l'école

Cependant, l'architecte Jacques-Pascal Virebent s'emploie à faire de Toulouse une ville plus adaptée aux exigences modernes, dans un néoclassicisme sans fioritures. Le vaste rectangle de la place du Capitole, achevée en 1852, donne plus de majesté à l'Hôtel de Ville. En 1834, la porte Villeneuve disparaît au profit d'une place ovale, l'actuelle place Wilson, alors que les lices des remparts médiévaux sont transformées en vastes boulevards. Virebent dégage aussi la place de la Trinité, ornée d'une élégante fontaine réalisée par Urbain Vitry, le concepteur des beaux abattoirs de la rive gauche. Les immeubles bourgeois sont agrémentés par les colonnes, les cariatides et les frises de terre cuite qui sortent des fours de la fabrique d'Auguste Virebent, le fils de l'architecte, à Launaguet.

Les édifices religieux connaissent un sort moins heureux : pour « donner de l'air » à la ville et aménager des places, on abat le monastère des Carmes et le couvent de Saint-Sernin, les cloîtres de Saint-Étienne et de la Daurade sont démantelés. Une mort lente semble attendre la vaste chapelle des Jacobins et l'église Saint-Pierre-des-Cuisines, converties toutes deux en casernes.

Une des sirènes de la fontaine réalisée en 1826 par Urbain Vitry, place de la Trinité.

Immeuble de la rue des Marchands. Théorie de cariatides en terre cuite de la fabrique Virebent, moulages de celles de Jean Goujon, au Louvre (1550).

L'archéologue Alexandre Du Mège.
On lui doit d'avoir rassemblé aux Augustins, à partir de 1811, des œuvres provenant de la destruction d'ensembles monumentaux toulousains, sauvant ainsi l'essentiel des richesses artistiques menacées par le vandalisme, l'indifférence ou l'incurie. Ses travaux sont aujourd'hui contestés : ils sont le fait d'une figure du XIX*e que l'on croirait surgie d'un roman de Balzac.*
MPD.

Dans ce grand village, la monarchie de juillet interdit aux élèves de parler patois à l'école et leur recommande de parler français hors de l'école. Toulouse doit toujours son prestige à son illustre Faculté de droit qui lui vaut le rang de deuxième ville universitaire de France ; à la Faculté de lettres, ce sont les leçons du philosophe et homme politique Gatien-Arnoult qui tiennent en suspens un auditoire épris de connaissances.

L'archéologie occupe une place de choix dans la vie culturelle. Installé dans l'ancien couvent des Augustins, le Museum provisoire du Midi de la République ouvre ses portes en août 1795. Ce musée, parmi les plus anciens de France, enrichit son fonds de celui de l'ancienne Académie royale de peinture et de sculpture, ainsi que des saisies effectuées dans les églises et les maisons d'émigrés de la région toulousaine. Par la suite, l'archéologue Alexandre Du Mège, responsable du département des Antiques,

rassemble le plus riche ensemble de sculpture médiévale de France, sauvé lors de la démolition des cloîtres toulousains.

Une bataille sans vaincus

La vie politique, quant à elle, semble frappée d'atonie tout au long de cette moitié de siècle. Les plébiscites impériaux mobilisent peu les royalistes et les jacobins ; seuls la vieille noblesse, les réfractaires à la conscription et un petit nombre de prêtres et de fidèles qui forment la petite Église, en opposition au concordat, se font parfois entendre.

Quand Napoléon visite Toulouse avec l'impératrice du 25 au 27 juillet 1808, la population lui réserve un accueil enthousiaste. L'empereur juge le Capitole « beau mais bas », fait une promenade à cheval à l'Embouchure des Ponts-Jumeaux et décide, entre autres, de transférer la préfecture dans l'ancien archevêché ; il se rend le jour suivant

Jeux nautiques sur la Garonne en présence de Napoléon Ier en 1808.

Le maire de Toulouse profite de ces joutes et jeux de mât organisés le soir du 26 juillet, pour rappeler à l'empereur la liste des « objets d'utilité publique » contenus dans le mémoire rédigé par le Conseil municipal. Dès le lendemain, Napoléon signe le décret donnant satisfaction à la ville sur tous les points, entre autres la cession d'un certain nombre d'édifices religieux. Peinture de Joseph Roques (1808). MA.

à Montauban, où sa visite se solde par la création du département du Tarn-et-Garonne, formé, entre autres, de quelque 55 000 hectares grignotés à la Haute-Garonne...

Toulouse fait de nouveau parler d'elle à la fin de l'Empire lors d'une curieuse bataille. Le 10 avril 1814, alors que Napoléon Ier a déjà abdiqué, l'armée coalisée du duc de Wellington, forte de sa victoire en Espagne et de ses 55 000 hommes, s'oppose aux 35 000 hommes du maréchal Soult, au cours d'un affrontement auxquels les Toulousains assistent en spectateurs indifférents, sinon hostiles.

Pas un Anglais ne parvient à franchir le canal du Midi. L'armée de Wellington n'arrive pas non plus à conforter sa position sur les hauteurs de Jolimont. Vers 16 heures cependant, Soult, qui craint une offensive sur le faubourg Guilheméry, ordonne l'abandon des redoutes. Quelque 900 blessés seront évacués par le canal vers Castelnaudary.

La bataille de Toulouse, qui a lieu le 10 avril 1814, de 6 heures à 21 heures, se déroule sur le seul territoire de la commune de Toulouse. Dernière bataille de l'Empire, livrée quatre jours après l'abdication de Napoléon, elle est particulièrement meurtrière. Gravure anglaise. CP.

« Après Waterloo, les royalistes se retrouvèrent maîtres de la ville. Toulouse apparut quelque temps comme la capitale d'une sorte de "royaume d'Aquitaine", que dirigeait le duc d'Angoulême, entouré d'ultras particulièrement ardents. Des troupes de volontaires royaux, portant uniforme vert (le vert était la couleur du comte d'Artois, espoir des ultras) s'y formèrent. Ces « verdets » devaient se distinguer par l'assassinat du Général Ramel, commandant des troupes du département pendant les Cent-Jours. Blessé d'un coup de feu, il fut sauvagement achevé par eux dans son hôtel de la place des Carmes, le 15 août 1815. »

Philippe Wolff,
Histoire de Toulouse.

Wellington est accueilli en libérateur par la population toulousaine. Gravure anglaise. MPD.

De cette singulière bataille où les coalisés comptent 593 morts contre 321 côté français, et où Soult n'abandonne pas même un drapeau à Wellington, la ville ne conserve que l'obélisque érigé sur le plateau de Jolimont et le nom d'une rue qui s'élance du canal du Midi, la rue du 10-avril.

Toulouse se rallie très vite à Louis XVIII et à la Restauration. Les quelques bataillons fédérés formés dans le département lors des Cent-Jours sont dispersés et leur commandant, le général Ramel, se fait assassiner. Dans cette ville « rouge », les royalistes, surnommés « les chevaliers de la foi », s'imposent cependant avec le soutien de la noblesse dont la ferveur catholique est ranimée par un ancien évêque réfractaire et émigré : Mgr de Clermont-Tonnerre. Toulouse fournit même au régime un homme d'envergure, en la personne de son maire et député, le comte Joseph de Villèle, qui devient président du Conseil.

En juillet 1830, la révolution parisienne sort Toulouse de sa léthargie. Les ultras sont chassés des administrations et un banquier libéral, Joseph Viguerie, est nommé à la tête de la ville. Seuls à s'imposer sur l'échiquier politique toulousain, les libéraux récupèrent le culte napoléonien ; ils érigent près de l'observatoire la « colonne » commémorant la bataille de 1814, et celle qui honore la mémoire du général Dupuy, place Dauphine (aujourd'hui place Dupuy).

Colonne commémorative de la bataille de Toulouse réalisée par Urbain Vitry. Sous le pyramidion se trouve une ouverture en forme d'étoile, d'où on a la vue sur tout le champ de bataille du 10 avril.

En juillet 1841, lors du recensement des propriétés pour réviser l'assiette d'impôt, la petite et moyenne bourgeoisie ainsi que les classes populaires toulousaines participent aux émeutes qui agitent la France entière. Malgré l'intervention de la Garde nationale et le contrôle militaire des places de la ville, la confusion la plus totale règne jusqu'à la fin du recensement.

Les républicains toulousains prennent enfin leur revanche lors de la révolution de 1848. Henri Joly proclame la République du haut du balcon du Capitole dans l'enthousiasme général. Mais les chefs républicains montent à Paris et les conservateurs s'organisent vite dans une cité où ils ont le champ libre. Aussi Toulouse donne-t-elle la majorité de ses voix à Louis-Napoléon Bonaparte aux présidentielles. Les canons mis en batterie place du Capitole et les charges de cavalerie ont raison des opposants au coup d'État du 2 décembre 1851. Dans une ville débarrassée de ses chefs républicains, relégués en Algérie, bannis, comme Joly, ou internés, le prince-président est accueilli par des vivats en octobre 1852.

Henri Joly. En 1848, il proclame la République du haut du balcon du Capitole. MPD.

Fonds Labouche

Le montreur d'ours ariégeois descendu de ses montagnes. BMT.

UNE TRANSITION DOUCE 1852-1914

De 1851 à 1914, Toulouse s'enrichit d'une forte immigration et passe de 93 000 à 160 000 habitants. Près de la moitié des Toulousains ont des origines rurales et viennent des campagnes environnantes. Les étrangers y sont rares, mis à part les Espagnols. Ce sont d'abord des exilés politiques, fuyant les régions insurgées contre Joseph Bonaparte à partir de 1808, puis l'émigration prend un caractère économique lors de la grande dépression de la fin du siècle.

La cité ne connaît pas l'essor spectaculaire des grandes villes du textile, du charbon et de la sidérurgie dopées par la révolution industrielle. Au milieu du siècle, elle fait figure de grand village dont le dessinateur Léon Soulié immortalise les scènes de rues. Les Toulousains préfèrent les jardins aux grandes avenues qui faciliteraient pourtant la circulation dans la cité. Les boulevards aménagés à la place des vieux remparts leur servent de promenade et le Grand Rond leur tient lieu de foirail. Au-delà des anciennes portes de la ville, auxquelles se sont substituées des places, apparaissent les premières toulousaines. Construites en briques et galets de la Garonne, pourvues d'un jardin, d'un poulailler ou d'une

Côté est de la place des Carmes avant l'ouverture de la rue Ozenne, dernière percée hausmanienne qui entraîne la destruction totale de sept vieux hôtels. Cette photographie est réalisée à la veille de l'ouverture de la rue, en novembre 1907. On distingue, à droite, l'hôtel du Vieux-Raisin et, à côté, les premières arcades de l'immeuble abritant aujourd'hui une pâtisserie. AMT.

porcherie, elles campent leur silhouette modeste et typique dans des faubourgs à l'organisation encore anarchique.

Un plan d'urbanisme digne de ce nom voit enfin le jour sous le Second Empire, sur le modèle des grandes percées réalisées à Paris par le préfet Haussmann. Aérer Toulouse, tel est toujours le maître mot dans une ville touchée par deux épidémies de choléra, en 1854, puis en 1883. Le projet reprend un schéma en croix jadis conçu par les capitouls. Les travaux sont exécutés entre 1871 et 1874, après des retards provoqués par la contestation de leur financement, puis la guerre de 1870 contre l'Allemagne. Les nouvelles artères prennent tout naturellement les noms de rue d'Alsace-Lorraine (prolongée par la rue du Languedoc) et de rue de Metz (reliée au Pont-Neuf par la place Esquirol à la fin du siècle).

Fonds Labouche

Le vitrier. Il suffit de le héler dans la rue. BMT.

Le sage alignement de la rue Ozenne complète le projet. Le richissime banquier d'origine normande Théodore Ozenne méritait bien de passer à la postérité, lui qui lègue à sa ville d'adoption quelque trois millions de francs or, ainsi que l'hôtel d'Assézat pour y accueillir gracieusement les académies et sociétés savantes de Toulouse. Après les ponts Saint-Michel et Saint-Pierre, reconstruits après la terrible crue du 23 juin 1875 où plus de 1 200 maisons s'effondrèrent dans le quartier Saint-Cyprien, celui des Catalans, quatrième de Toulouse, enjambe la Garonne en 1913.

Cintrage du pont des Catalans, premier pont d'Europe au tablier en béton armé. Le 8 août 1875, alors que l'inondation vient d'emporter deux ponts suspendus, le Conseil municipal évoque la construction d'un pont en maçonnerie « reliant les quartiers des Amidonniers et de Saint-Cyprien ». En mars 1902, il adopte le projet de Paul Séjourné, professeur à l'École des ponts et chaussées et inventeur d'un nouveau système de ponts, les ponts « à anneaux », avec une arche de 85 m de portée. En juin 1907, il décide qu'il s'appellera pont des Catalans, en commémoration du jumelage que viennent de réaliser les deux municipalités de Toulouse et de Barcelone. AMT.

L'inondation du 22 juin 1875, à l'occasion de laquelle Mac Mahon prononce son fameux « Que d'eau, que d'eau ! », est l'une des plus graves subies par la ville. À des pluie diluviennes s'ajoute la fonte des neiges provoquée par une brusque vague de chaleur sur les Pyrénées. La Garonne dépasse la cote d'alerte pour atteindre 9 m 15 en quelques heures. Les ponts Saint-Michel et Saint-Pierre sont emportés, l'eau passe par-dessus le cours Dillon et envahit Saint-Cyprien où plus de 1 200 maisons s'écroulent. Le Pont-Neuf est menacé mais résiste à la crue. Plus de 1 000 personnes périssent.

AMT

Détail du Couronnement de la Vierge, œuvre de Gaston Virebent.

Bouffées d'oxygène

La place Wilson, ouverte sur la promenade bordée d'ormeaux des allées Lafayette, et Saint-Georges, les squares du Capitole et des Augustins, le Grand-Rond, pourvu en 1887 de son kiosque à musique, donnent enfin une bouffée d'oxygène à la ville qui profite du confort apporté par l'arrivée de l'eau courante et de l'électricité.

Les Toulousains vivent dans la poussière et le bruit occasionnés par ces grands chantiers. Ils les financent eux-mêmes en partie en acquittant diverses taxes – dont de désuets impôts sur les vélocipèdes et sur les chiens –, notamment sous la gestion prudente d'un amoureux du vieux Toulouse, Honoré Serres, maire de la ville de 1892 à sa mort, en 1905.

En dépit de ces aménagements, la ville mérite cependant toujours le surnom de « capitale du vandalisme » que lui a donné le journaliste et homme politique Montalembert. Les bâtiments jouxtant le Donjon du Capitole, ainsi que le réfectoire des Augustins sont démolis ; en 1871, un incendie fait disparaître du patrimoine historique de Toulouse l'église des Cordeliers, qui se dégradait lentement. Les percées du centre-ville ont aussi mis à mal certains hôtels Renaissance.

Longtemps, les façades sont badigeonnées de blanc afin d'éclairer quelque peu les rues

pendant la nuit. Puis apparaissent les décors en terre cuite. Le plus remarquable d'entre eux reste sans conteste la reproduction en céramique du *Couronnement de la Vierge*, d'après Fra Angelico, sur le tympan de l'église de la Dalbade. Cette œuvre datant de 1878, signée Gaston Virebent, chatoie sur la brique qui a depuis longtemps remplacé les murs à la chaux de l'édifice religieux.

Un vent d'exotisme et de fantaisie souffle sur Toulouse au début du XXe siècle. Le palais mauresque du voyageur et commerçant Georges Labit (aujourd'hui musée des Arts asiatiques et des Antiquités égyptiennes) sort des cartons de Jules Calbairac qui dessine aussi le premier immeuble toulousain en béton armé recouvert de briques, rue des Arts, en 1912. Dès 1904, le magasin « Au Capitole », véritable incarnation de l'Art Nouveau, associe dans sa construction la brique, la pierre et le fer, tandis que le mélange des matériaux est aussi à l'honneur dans les grands cafés de la place Wilson aux intérieurs chargés.

De nouveaux pôles de distraction se créent dans la ville, à l'exemple de la prairie des Filtres, qui n'épure plus les eaux de la Garonne, comme l'indiquait initialement son nom, mais accueille les premiers matches de rugby. En 1907, les joueurs du Stade Toulousain inaugurent leurs maillots aux couleurs rouge et noir, chères aux capitouls.

« La prairie des Filtres est au rugby ce que les Tréteaux de Molière sont au théâtre. [...] C'est là que des fils de notables venus des villages étudier dans la Cité Rose, se livrèrent des batailles acharnées autour d'un ballon ovale dont les rebonds déconcertaient les paisibles pêcheurs de la Garonne. »

Robert Barran, capitaine du Stade toulousain, champion de France de rugby en 1947.

L'entraînement du « Foot Ball » sur la prairie des Filtres.

Les étudiants toulousains créent le « Stade olympien » en 1896, qui prend le nom de « Stade toulousain » en 1907.

BMT.

Le tramway hippomobile place du Capitole, vers 1890. En 1863, les Toulousains peuvent, pour un prix modique, utiliser les premiers services de transports collectifs assurés par des omnibus à chevaux, remplacés en 1887 par des tramways hippomobiles. Carte postale colorisée. LC.

Séduits par les nouveaux lieux de promenade, les Toulousains empruntent des omnibus remorqués par des chevaux puis,à partir de 1910, des tramways électriques qui fonctionnent même la nuit pour le plus grand plaisir des noctambules. En effet, les théâtres font salle comble et la passion de la musique et du chant réunit au Capitole, aussi fameux alors que la Scala de Milan, une assistance bigarrée qui n'hésite pas à siffler les malheureux interprètes à la moindre fausse note.

Des violettes pour Londres

La ville se départit peu à peu de sa ruralité. Les grandes foires, aux chevaux, aux draps, aux laines, à l'ail, le 24 août, place du Salin, déclinent à partir des années 1870. Mais, dès le milieu du siècle, on voit fleurir les violettes en tapis sur les terres de la banlieue nord, rapportées, selon une version romancée, par un soldat de Saint-Jory à sa belle au retour des campagnes d'Italie.

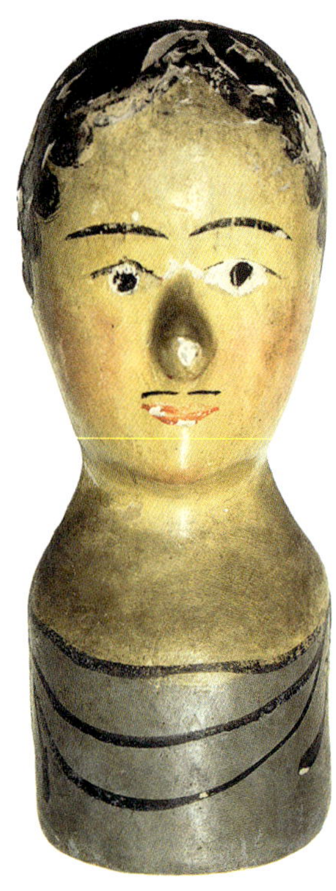

Marottes, têtes en carton peint dont se servaient les modistes pour réaliser des chapeaux. XIXe siècle. MPD.

Chaque matin, dans le réfectoire des Jacobins, des grossistes achètent des milliers de bouquets composés de 300 fleurs chacun qu'ils expédient dans des caisses capitonnées à Londres, Paris ou Berlin...

L'économie est aussi caractérisée par une multitude de petites industries qui font la renommée de la ville. Les chapelleries envoient leurs shakos, képis, panamas et lataniers dans la France entière ; les chapeaux toulousains sont aussi connus en Espagne et Amérique Latine. Les chemises qu'on y confectionne se vendent en métropole et aux colonies. Même succès pour les chaussures de ville, les espadrilles et les souliers d'enfants qui séduisent les pays voisins.

La présence à Toulouse du maréchal Niel, commandant du 6e corps d'armée à partir de 1859 avant d'être nommé ministre de la Guerre, fait aussi de la cité une productrice d'uniformes. Toulouse se taille une renommée internationale pour la carrosserie, la copie de meubles anciens et la production de vitraux d'inspiration gothique de Louis-Victor Gesta.

La fabrique à papier à cigarettes JOB (des initiales de son fondateur Joseph Bardou), la brûlerie à café Biec s'inscrivent aussi durablement dans le paysage toulousain à la fin du siècle. Sous les arcades de la place du Capitole, l'atelier de reproduction photographique des frères Labouche fournit quelque 10 000 vues

« À ma stupéfaction, il m'apprit que la production de chemises de la confection toulousaine était encore plus importante que celle de la confection parisienne. Elle se répartissait entre quelques manufactures et ateliers d'une dizaine d'ouvrières, un grand nombre de petits ateliers tenus par une maîtresse couturière et une multitude d'ouvrières à domicile, travaillant à façon. Ainsi bon nombre de paysannes abandonnaient les travaux des champs, pour une situation aux avantages illusoires car elles y gagnaient moins d'argent et perdaient tous les avantages et les protections des coutumes des campagnes, en tombant dans les mains d'exploiteurs et d'exploiteuses. »

Igor Tymaïev,
Carnet de voyage,
octobre 1906.

Cl. Fonds Labouche.

de cartes postales diffusées dans tout le pays, devenues de précieux témoignages de l'histoire toulousaine.

Les grandes usines bordent la Garonne, car le fleuve fournit une énergie gratuite et abondante. Dans les années 1889-1890, les moulins du Bazacle, qui alimentaient les Toulousains en farine, sont convertis en centrale hydroélectrique et les turbines remplacent les anciennes et robustes roues à aube. Les manufactures nationales témoignent d'une belle solidité tout au long du XIXe siècle. La fonderie de canons du bord de la Garonnette doit cesser son activité en 1863, mais l'Arsenal continue à produire des cartouches. La vieille poudrerie datant de 1667 déménage de la chaussée de Tounis à la pointe sud de l'île du Ramier pour des raisons de sécurité...

Sortie des ouvrières d'une manufacture. BMT.

Crèche et garderie de la manufacture des tabacs (1912), allée de Brienne. Le personnel y est composé pour 80 % de femmes.

e la MANUFACTURE des TABAC

Détail du fronton de la Gare Matabiau (1902).

La manufacture des tabacs, qui s'installe dans un immeuble au Bazacle en 1893, demeure la plus prospère de Toulouse, passant de 200 ouvriers en 1815 à 1 200 en 1913. Elle emploie souvent des membres de la même famille, qu'elle rétribue mieux qu'ailleurs, et fait appel à la dextérité des « cigaretteuses » qui roulent les cigarettes à la main.

Toulouse sort de sa coquille grâce à l'amélioration des voies de communication. Les chemins départementaux tissent leur toile sur la Haute-Garonne, profitant du nouveau procédé Macadam. À partir de 1856, la liaison entre les deux mers si chère à Riquet est réalisée grâce à l'achèvement du canal latéral. Elle permet désormais un trafic continu entre Bordeaux et Sète sans passer par la Garonne.

Chaland sur le canal du Midi. AMT.

Cependant, les canaux paraissent trop lents et peu rentables face à un concurrent de poids, le chemin de fer, lié au nom de deux Bordelais, les frères Pereire. En association avec la banque Rothschild et un groupe de notables, ceux-ci constituent la Compagnie des chemins de fer du Midi et du canal latéral à la Garonne. En 1856, la ligne Toulouse-Agen est inaugurée triomphalement ; un an plus tard, la nouvelle gare Matabiau à l'immense façade de pierre voit se croiser deux trains conduits par les frères Péreire, l'un venant de Bordeaux, l'autre de Sète. Sous le Second Empire, Toulouse est reliée à toutes les villes alentour et dès 1862, les voyageurs peuvent se rendre dans la capitale *via* Limoges, puis à Marseille *via* Sète. Les canaux, désavantagés au profit du rail, ne doivent leur salut qu'à leur rachat par l'État en 1897, puis à l'accroissement du transport de marchandises lourdes.

Fonds Labouche.

Dans un train de banlieue, en route vers la ville.
BMT.

Si la ville profite avec un léger retard des grandes innovations de la deuxième moitié du siècle, elle joue cependant déjà un rôle de pionnière dans la conquête de l'air, qui passionne ses habitants. Le fondateur de *La Dépêche*, Joseph Sirven, crée ainsi l'Aéro-Club des Pyrénées et décroche son brevet de pilote-aéronaute en 1908.

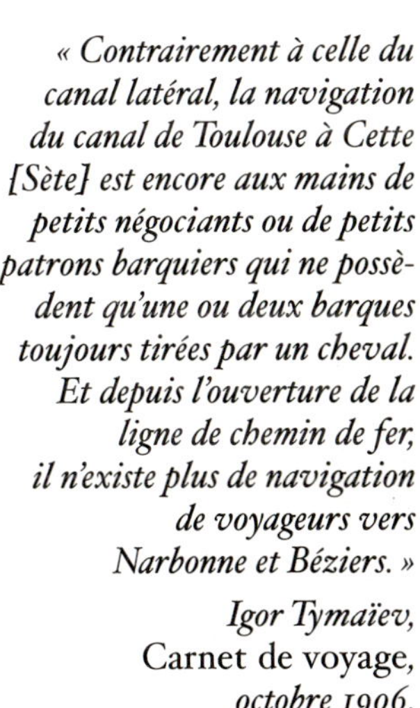

« Contrairement à celle du canal latéral, la navigation du canal de Toulouse à Cette [Sète] est encore aux mains de petits négociants ou de petits patrons barquiers qui ne possèdent qu'une ou deux barques toujours tirées par un cheval. Et depuis l'ouverture de la ligne de chemin de fer, il n'existe plus de navigation de voyageurs vers Narbonne et Béziers. »

Igor Tymaïev,
Carnet de voyage,
octobre 1906.

Adolphe Gatien-Arnoult, professeur de philosophie à la Faculté des Lettres et homme politique.
MPD.

Tombe d'Armand Duportal, fondateur du journal L'Émancipation, *au cimetière de Terre-Cabade.*

Jaurès au conseil municipal

La reconquête républicaine domine le panorama politique de l'époque : le rétablissement de l'Empire en 1852 ne vient pas à bout des oppositions. Les républicains sont battus aux élections de 1857 et 1863, mais leur alliance avec tous les courants hostiles à l'Empire leur vaut de remporter les élections municipales de 1865. Dès l'année suivante, le préfet dissout le conseil municipal et le remplace par des membres triés sur le volet. Le scénario se répète en 1869, ce qui n'empêche pas la ville républicaine de rejeter en bloc, lors du plébiscite de 1870, les réformes libérales entreprises par Napoléon III.

Avec la IIIe République née sur les cendres du désastre militaire de Sedan, Toulouse renoue avec les républicains et porte au Capitole le professeur Adolphe Gatien-Arnoult, qui avait participé avec Joly et Duportal à la fondation du journal *L'Émancipation* sous la monarchie de Juillet.

Revenu d'Algérie où il avait été relégué, le radical Armand Duportal ne tarde pas à faire parler de lui. Nommé préfet de la Haute-Garonne par Gambetta, il devient le héros de l'éphémère Commune de Toulouse, calquée sur le mouvement parisien, qu'il proclame le 25 mars 1871 depuis le balcon du Capitole. Fort du soutien de la Garde nationale, Duportal, que Thiers s'est empressé de destituer, va jusqu'à réclamer la dissolution de la Chambre des députés et affirme haut et fort les convictions bellicistes, anticléricales et décentralisatrices des communards. Deux jours plus tard, les régiments fidèles à Thiers sortent de l'Arsenal et occupent la place du Capitole et les rives de la Garonne sans qu'un seul coup de feu soit tiré. Emprisonné puis acquitté par la cour d'assises de Pau, Duportal retrouve vite les sentiers de la politique, notamment à la Chambre, dans le rang des radicaux-socialistes.

Duportal a-t-il eu vent de la suggestion écrite de Clément Ader ? Mobilisé dans la Garde nationale, ce natif de Muret lui avait proposé « d'éclairer l'Armée à l'aide d'un appareil aérien

Un groupe d'ouvriers de l'atelier Pelous (fonderie, ajustage), en 1898.
AMT.

qui se mouvra à volonté avec une grande rapidité dans toutes les directions de l'atmosphère »...

À l'aube du XXe siècle, l'hégémonie radicale est incontestée. Elle bénéficie notamment du soutien de *La Dépêche* de Sirven. Le journal, fondé en octobre 1870, pour donner des nouvelles de la guerre, assure son emprise sur tout le Midi toulousain acquis aux idées de gauche et tire à plus de 200 000 exemplaires dès la fin du siècle. Ce fer de lance des républicains radicaux dénonce à l'envi le cléricalisme à l'école et l'opulence de l'Église dans un contexte pour le moins tendu entre les politiques et les ecclésiastiques. La crise trouvera son paroxysme dans l'expulsion mouvementée de l'archevêque Mgr Germain de l'hôtel de l'archevêché, rue du Languedoc, après la loi de séparation des Églises et de l'État en 1905.

Jean Jaurès : « Inlassablement, sa voix stridente résonnait, pareille à une trompette, au-dessus des sombres régiments de travailleurs et les entraînait à l'action. »
Stefan Zweig,
Hommes et destins.

Jean Jaurès et Maurice Hauriou, venus d'horizons très différents, l'un de la Faculté des Lettres, l'autre de la Faculté de Droit, se connaissent pourtant et s'estiment. Ils se rencontrent souvent, dans les années 1880/1890, pour des discussions philosophiques avec d'autres intellectuels, au Café de la Paix, alors situé place du Capitole.

Cependant, à l'image du Castrais Jean Jaurès, qui explique dans les colonnes de *La Dépêche* les thèses de Karl Marx, certains radicaux évoluent vers le socialisme, qui devient, à la fin des années 1880, un courant politique essentiel de la vie politique toulousaine.

Élu en 1889 au conseil municipal de Toulouse, Jaurès, qui profite de cette période pour achever ses thèses de philosophie, devient en 1892 second adjoint au maire, chargé des affaires scolaires et universitaires. Son *curriculum vitae* impressionne : ce Normalien supérieur, condisciple du philosophe Bergson, a pour le servir une érudition et un talent oratoire exceptionnels. Quelques mois plus tard, il prend la défense des mineurs de Carmaux et les représente à la Chambre des députés, abandonnant alors le Capitole. Un de ses admirateurs, Albert Bedouce, réussit à fédérer les six partis socialistes toulousains : il devient, en 1906, le premier maire socialiste de la ville où, en signe de fête, la place du Capitole est pavoisée de rouge ; après un bref intermède radical, son successeur, Jean Rieux, reprend possession du Capitole de 1912 à 1919.

L'Hôtel de Ville est à lui seul un symbole de cette patiente reconquête républicaine : la salle des Illustres accueille les œuvres des Toulousains Jean-Paul Laurens, Debat-Ponsan et Benjamin-Constant proches des milieux radicaux qui exaltent dans un style pompier la glorieuse histoire de la cité. Dans la salle Henri-Martin, le paysagiste néo-impressionniste Henri Martin, qui a donné son nom à une belle promenade entre le Pont-Neuf et le Pont-Saint-Pierre, fait figurer à dessein Jean Jaurès au milieu des flâneurs des bords de Garonne.

Henri Martin retouche Les Promeneurs *peints en 1903. Les familiers du peintre et des célébrités locales sont ici représentées : le quatrième, en partant de la gauche, est Jean-Paul Laurens, le dernier Jean Jaurès, coiffé d'un canotier, en pardessus beige.*

Départ du 83e régiment d'infanterie avenue Camille Pujol.
AMT.

LA MÉTAMORPHOSE 1914-1944

Les ravages de la Grande Guerre sont rappelés par l'imposant et solennel monument aux combattants du département érigé au débouché de la rue de Metz. La ville n'est pas épargnée non plus par le terrible fléau de la « grippe espagnole » qui décime l'Europe à partir de 1918 : plus de 700 Toulousains en meurent. Toulouse paie son tribut à ce conflit si meurtrier en déplorant la mort de plus de 5 000 de ses enfants. Tous les hommes jeunes et valides sont montés au front, hormis les ouvriers réquisitionnés dans les usines. Éloignée des zones de combat et hors de portée de l'aviation, la ville participe largement à un

« Tandis que les femmes pleurent silencieusement, des vieillards presque, anciens combattants de 70, ne peuvent, irréductibles revanchards, contenir leur joie. Des adolescents par groupes ou en monômes, circulent dans la ville aux cris de : "À Berlin !" Aux terrasses de cafés les orchestres symphoniques jouent les "airs alliés" et une foule émue se découvre. Un tonnerre d'applaudissements éclate à la fin de chaque hymne. Pendant l'audition de "la Marseillaise" les consommateurs se dressent, prennent l'attitude rigide du garde-à-vous et conservent l'immobilité jusqu'à la fin de notre chant national. Puis ce sont des bravos retentissants et des cris : "Bis ! Bis ! À Berlin !" Enthousiasme indescriptible ! Délire nostalgique d'une foule, comme lasse de tranquillité et qui veut du nouveau, du grand, de la joie ou de la frayeur, à ne savoir laquelle des deux. »

Louis Vigé
dans Carnets de guerre toulousains, 1914-1919. *AMT.*

« Quant à nous, les enfants, dans ces temps lointains, nous vibrions aussi, mais sans mourir. Jamais enfance ne fut davantage livrée à un monde d'excitations incontrôlables ignorées des éducateurs. Cette vacance du temps, ce frémissement dans l'air où brûlait l'essence la plus haute de la vie sans que rien autour de nous semblât changer, cette avide soumission à l'immobile et à l'inévitable, puis, tout ensemble, cette onde subtile, presque cette caresse, venue pour nous des confins tragiques et qui nous enveloppait ainsi que l'air chargé de l'ozone des lointains orages s'en vient délicatement vivifier l'aube des fleurs, nous avons, enfants presque oubliés, reçu dans nos poumons cet air trop vif, nous avons joui de la guerre et de ses fastes, nous l'avons même chantée à pleine voix dans cette liberté cruelle du faubourg où tout se porte aux extrêmes selon une juste loi :

Nous irons tous à Berlin,
Chez Guillaume,
Chez Guillaume,
Nous irons tous à Berlin,
Chez Guillaume
l'assassin !...

Cela, c'était au début, durant les premiers mois. Puis la guerre s'enlisa et nos instituteurs nous firent taire. Le chant devint intérieur. »

Raymond Abellio,
Ma Dernière mémoire.
Un faubourg de Toulouse,
1907 - 1927.

Entrée de la poudrerie nationale. La principale usine de munitions est installée route de Bayonne. Connue sous le nom de « cartoucherie », elle emploie un grand nombre de femmes, vêtues de gris, appelées « cartouchières ». AMT.

effort de guerre qui donne un formidable coup d'accélérateur à son économie, augurant une profonde métamorphose.

Des fabriques de munitions s'installent à l'arsenal et près de la poudrerie du Ramier. Passant de 30 000 à 80 000 ouvriers de 1914 à 1918, Toulouse se transforme en véritable ruche dans des secteurs d'activités qui sont encore aujourd'hui les siens, ou dans des

domaines traditionnels comme l'industrie de la chaussure (le quart des chaussures des poilus y est alors confectionné).

Installé à Toulouse où il s'est déjà investi dans la chaudronnerie et la fabrication de wagons, un industriel entreprenant natif de Bagnères-de-Bigorre, dans les Hautes-Pyrénées, Pierre-Georges Latécoère, se voit commander par l'État des centaines d'avions, les *Salmson*, produits en série dès 1917 dans ses ateliers aéronautiques du Pont-des-Demoiselles et de Montaudran.

La guerre représente aussi un facteur d'évolution sociale. Ainsi les femmes font-elles tourner l'économie locale : ouvrières dans le textile mais aussi dans la métallurgie, « munitionnettes » à l'arsenal et à la poudrerie, corps de contrôleuses dans les tramways. Les étrangers contribuent aussi à l'effort de guerre, qu'ils soient Catalans, réfugiés belges, « coloniaux » d'Afrique ou d'Indochine, venus grossir l'immigration traditionnelle des Ariégeois et des Tarnais.

La paix marque le retour du chômage : l'arsenal, la poudrerie se trouvent aussitôt en sureffectifs et les licenciements se multiplient, à commencer par celui des femmes, priées de regagner leur foyer moyennant une subvention dérisoire.

1917 : la Grande Guerre donne le jour à une importante production d'affiches : civisme et effort de guerre y sont encouragés. Affiche de Auglay. AMT.

Avril 1917 : la municipalité de Toulouse fait labourer la Prairie des Filtres pour ensemencer des pommes de terre. MVT.

« Jamais, de mémoire de Toulousain, la ville n'était apparue aussi heureuse, aussi pavoisée, aussi sincèrement, aussi profondément en fête. Vers midi, les cloches de l'église ont sonné à toute volée, annonçant la paix. Les cafés, les restaurants, se sont remplis de gens heureux et on a bu à l'ère nouvelle. Les magasins se sont fermés pour ne pas se rouvrir, car toute la journée a été spontanément considérée comme fériée par le commerce et l'industrie. Dans l'après-midi, les manifestations ont pris, d'heure en heure, plus d'ampleur. C'est par centaines que des cortèges ont parcouru la ville, acclamant la victoire et la paix : étudiants, ouvrières, employés, groupements corporatifs ou syndiqués, drapeaux en tête, allaient , venaient, se croisaient, expression de la satisfaction universelle. Dès midi, les avions ont commencé à survoler la ville, fêtant la victoire à leur manière, dans les airs par le bourdonnement puissant des moteurs ; mais à trois heures, le canon faisait entendre sa voix. Cette fois, c'étaient de pacifiques et inoffensives détonations, qui mêlaient leurs notes graves aux rumeurs de la ville. »

Le Cri de Toulouse,
numéro spécial : l'Armistice à Toulouse, *30 novembre 1918.*

Face intérieure du monument aux combattants du département, œuvre d'André Abbal et Léon Jaussely. Mêlée triomphaliste, avec, gravées dans la pierre, les citations à l'ordre de la nation pour les combats où furent engagés les Haut-Garonnais durant la saignée.

L'Armistice à Toulouse, le 11 novembre 1918 : foule en liesse avenue Étienne-Billières. AMT.

Monument au sport, œuvre du sculpteur Antoine Bourdelle (1921-1923), place Héraklès. Inauguré en 1925, le Temple du sport est réalisé en hommage aux 575 rugbymen tombés au combat pendant la Première Guerre.

Pierre-Georges Latécoère. Sans lui, Toulouse aurait-elle été terre d'aviation ? AL.

Les ailes du succès

Latécoère, lui, montre un exemple éclatant de réussite de reconversion des industries de guerre. Il crée en 1927 la mythique Aéropostale avec l'industriel et financier français Marcel Bouilloux-Laffont, installé au Brésil. Bientôt, les ailes de la Compagnie s'étendent, *via* l'Afrique, jusqu'en Amérique du Sud, portées par le charisme de pilotes d'exception tels Saint-Exupéry, Jean Mermoz, Henri Guillaumet, Marcel Doret, Didier Daurat.

En 1933, cependant, l'Aéropostale doit fusionner avec d'autres compagnies, prélude à la naissance de la société anonyme Air France.

Aux Minimes, un autre ingénieur de talent, Émile Dewoitine, compagnon de Latécoère, se spécialise dans la fabrication d'avions de chasse et de planeurs. En 1937, l'État se lance dans une politique de réarmement face à la dégradation de la situation européenne, et les sociétés aéronautiques sont nationalisées. À la fin des années 30, le site de Saint-Martin-du-Touch voit s'implanter une grande usine dépendant de la Société Nationale des Constructions Aéronautiques du Midi, gérée par Dewoitine. De son côté, Latécoère s'associe avec Bréguet pour reprendre le site de Montaudran à la veille de la Deuxième Guerre.

Augurée par l'œuvre du scientifique Paul Sabatier, prix Nobel de chimie en 1912, et par le renom de sa Faculté des sciences, la vocation chimique de Toulouse prend corps. L'usine de l'Office National Industriel de l'Azote (ONIA) s'installe près de la poudrerie dont elle exploite aussi d'anciens locaux en 1926. La proximité des quartiers sud semble alors bienvenue pour embaucher de la main d'œuvre, au mépris des risques d'explosion ou de pollution que peut générer cette industrie nouvelle orientée vers la production d'engrais.

L'hôtel du Grand Balcon, à l'angle nord-ouest de la place du Capitole, est un lieu légendaire où les pionniers de l'Aéropostale faisaient halte avant leur départ pour l'Afrique ou l'Amérique du Sud.

« C'était une modeste pension de famille tenue par trois vieilles dames. Le bon marché du gîte et de la table avait attiré les premiers pionniers de la ligne chez elles. [...] Les jeunes gens de la ligne ouvrirent au Grand Balcon des perspectives sans fin. L'air du large, les brumes, les tempêtes, les vents chauds d'Afrique vinrent habiter avec eux la pension de famille. [...] Aujourd'hui encore et par-delà la Cordillère des Andes, on parle avec attendrissement, parmi les vieux de la Ligne, des demoiselles du Grand Balcon. »

Joseph Kessel,
Vent de sable *(1929).*

Essai de flottaison d'un hydravion Laté 340 *sur le canal du Midi à Toulouse.* AL.

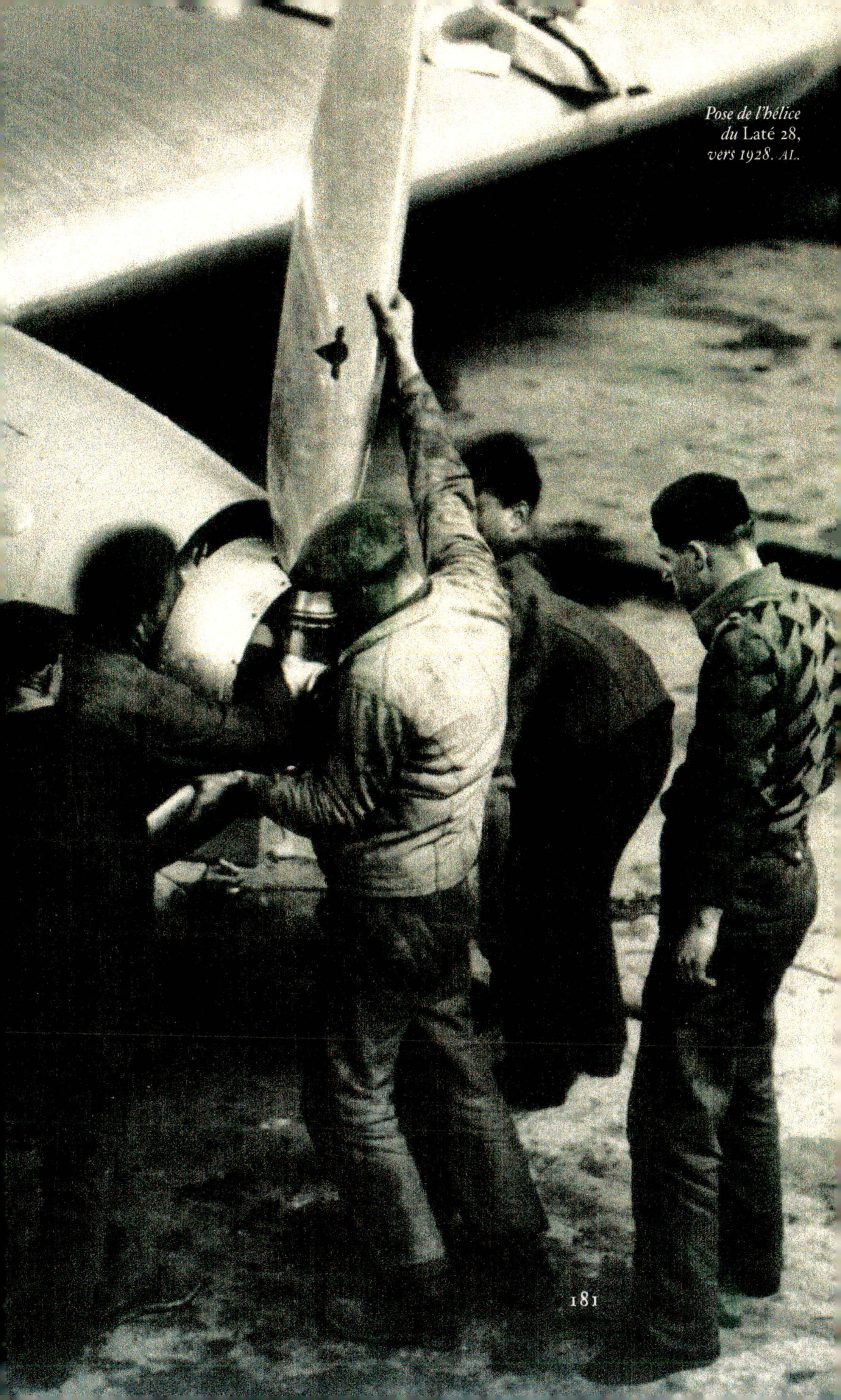

Pose de l'hélice du Laté 28, *vers 1928.* AL.

Le Toulouse disparu ou le charme des ondulations indéfrisables...
AMT/CP.

Un vivier socialiste

En 1919, l'avocat radical Paul Feuga, affublé du sobriquet de « toquemanettes » pour son inlassable propension à serrer les pognes, réinstalle son parti au Capitole pour un dernier mandat. La parenthèse Feuga refermée, l'expansion urbaine se déroule sous l'égide du socialisme municipal.

Maître de l'Hôtel de Ville de 1925 jusqu'à sa mort en 1935, Étienne Billières aime parler occitan à ses électeurs sur les marchés de Toulouse. Au cours de ses dix ans de mandat, cet ancien ouvrier d'imprimerie s'avère aussi un économiste perspicace. Il encourage l'implantation des grandes usines dans la ville et favorise un projet d'urbanisme qui fait la part belle au logement social.

Ouvriers, fonctionnaires et employés investissent les nouvelles cités jardins (dans les quartiers Fontaine-Lestang, Croix-Daurade, la Juncasse), puis les immeubles collectifs (Saint-Roch, Récollets, Saint-Cyprien, Bourrassol). Cette fièvre constructrice touche les faubourgs (Bonnefoy, les Minimes) mais aussi, en 1938, le cœur même de la ville, avec l'ensemble du Grand-Rond, situé à deux pas du poumon vert de Toulouse. Près de ces nouvelles habitations à bon marché (HBM), s'installent des écoles et les fameuses Épargne, porte-drapeaux de l'épicerie toulousaine.

Pavage des rues, construction de bains-douches, équipements scolaires : les travaux d'édilité font de Toulouse un chantier perpétuel. La réalisation la plus prestigieuse reste la construction sur l'île du Ramier du parc des Sports, décidée en 1931. Bordées de sable, deux piscines extérieures inaugurent cet ensemble, alors unique en Europe, et donnent – déjà – l'occasion de parler de « Toulouse-Plage ». Dès 1934 s'y ajoutent une immense piscine d'hiver, des terrains de tennis, de pelote basque, de basket et des boulodromes. Enfin, en 1939, le Stadium, d'une capacité de 40 000 spectateurs, est dédié au rugby, au football, à l'athlétisme et aux courses cyclistes, avant que soient achevées ses dernières tribunes, dix ans plus tard.

Carlos Gardel voit le jour le 11 décembre 1890 à l'hôpital de la Grave, à Toulouse. Sa mère émigre à Buenos Aires alors qu'il n'a que 27 mois. Il composera plus de 900 tangos avant de disparaître en 1935 dans un accident d'avion. AMT.

Œuvre de Montariol inaugurée en 1932, la piscine municipale de Toulouseest alors la plus grande de France. Elle est dédiée au champion de natation Alfred Nakache, qui triomphera aux Jeux olympiques de Berlin en 1936. Juif, il sera déporté en 1943. Il reviendra de déportation, contrairement à sa femme et à sa fille. MPD.

Dans cette ville acquise aux idées de la gauche, le journal *Le Midi socialiste* fondé par Vincent Auriol en 1908 aide les sympathisants à se forger une identité sans parvenir à détrôner *La Dépêche*, passée aux mains du puissant Maurice Sarraut. Celui-ci aurait pu devenir président de la République en 1924 s'il ne s'était pas effacé devant Gaston Doumergue, le « sage de Tournefeuille », affectueusement surnommé « Gastounet ». Retiré après son mandat dans sa belle maison des berges du Touch, Doumergue est rappelé à Paris par son successeur, Albert Lebrun, après les émeutes du 6 février 1934 lorsque le régime se trouve menacé par l'activisme des ligues d'extrême droite. À Toulouse même, des affrontements éclatent le 18 juin 1934 entre les forces de l'ordre et les militants de la gauche venus manifester devant le Grand Hôtel, rue de Metz, contre la présence de deux orateurs nationalistes, faisant un mort et des dizaines de blessés. Après les élections législatives de 1936 qui portent au pouvoir le Front Populaire, deux Toulousains jouent un rôle politique de premier plan : Vincent Auriol, maire de Muret et conseiller général, et Albert Bedouce, ancien maire de Toulouse, se voient confier par Léon Blum des ministères importants, les Finances et les Travaux publics.

Transformation du pont Saint-Pierre, en février 1928 : il est élargi, une chaussée et des trottoirs sont aménagés, des treillis métalliques sont substitués aux supports en béton.
AMT.

Affrontements du 18 juin 1934. Barricade élevée place Saint-Étienne lors de la manifestation contre le meeting tenu par les ligues fascistes.
ADHG.

Atelier de l'usine Latécoère à Montaudran.
AL.

Grèves en série

La ville préside aussi aux grandes heures du syndicalisme avec la naissance, en mars 1936, dans la grande salle de la piscine municipale, de la CGT réunifiée. En mai et juin, de grandes grèves agitent le monde ouvrier. L'usine Latécoère est un des premiers établissements occupés du pays : des syndicalistes y avaient été licenciés pour avoir chômé le 1er mai ; le mouvement s'étend ensuite à Dewoitine, à l'usine de machines agricoles Amouroux, aux tramways, puis en juin aux ouvrières de la confection, les « midinettes ». Les accords de Matignon, suivis de nombreuses lois et décrets, aboutissent à la reconnaissance du droit syndical et des contrats collectifs, aux 40 heures et à un acquis des plus précieux : les deux semaines de congés payés.

Dans le secteur de la confection, la syndicaliste Suzanne Cayla organise, pour soutenir le moral des grévistes, des « chœurs parlés », avec déclamations de poèmes de Baudelaire et d'Aragon.

À la veille de la Seconde Guerre mondiale, Toulouse apparaît comme une ville moderne, aimant se cultiver et s'amuser. Rue du Périgord, se dresse un nouveau temple du savoir : la bibliothèque municipale, aux lignes géométriques typiquement Art déco, dessinée par l'architecte

Jean Montariol. Dans l'immense salle de lecture, le Parnasse occitan de Marc Saint Saëns met en scène des contemporains (les professeurs Soula et Ducuing, le sculpteur Bourdelle, Jean Giraudoux) sous des vêtements antiques.

L'amour du *bel canto* atteint son apogée au Capitole sous la baguette du chef d'orchestre Aymé Kunc et les divertissements musicaux foisonnent : concerts au kiosque du Grand-Rond, cafés-concerts, place Wilson, baloches, opérette aux Nouveautés, boulevard Carnot. La TSF, rue d'Alsace, diffuse sur le sud de la France des émissions de variétés et d'humour. Mais bientôt, les Toulousains vont s'enthousiasmer pour un nouvel art : le cinéma, auquel l'architecte Armandary consacre les temples de la place Wilson.

Le rugby reste le plaisir favori des Toulousains. Le Stade remporte cinq titres de champion de France entre les deux guerres dans le stade Ernest-Wallon des Ponts-Jumeaux, lieu d'affrontements de légende.

Né en 1904, enfant du quartier des Minimes, le baryton Pierre Nougaro chante avec le même bonheur Massenet, Verdi, Wagner que des rôles du répertoire moderne. AMT.

Meeting devant la statue de Jean Jaurès, en 1936. AMT/CP.

AUX ESCARGOTS
LOS
CARACOLES

Fresque (1905 - 1925) ornant l'escalier qui mène à la bibliothèque de la cinémathèque de Toulouse : des personnages allégoriques flottent au-dessus d'une scène champêtre ; un phylactère portant une phrase de l'Internationale est enroulé autour de leur corps. C'est là, au 69, rue du Taur, que le PSOE (Parti Socialiste Ouvrier Espagnol) tint, à partir du 24 septembre 1944, le congrès de la réorganisation du parti, celui qui devait conquérir le pouvoir en 1982.

En 1937, le Toulouse Football Club se professionnalise, suivant l'exemple du rugby à XIII. La ville constitue un vivier d'athlètes, dont le nageur Alfred Nakache porte haut les couleurs aux Jeux olympiques de Berlin, en 1936. Tout au long de cette période, elle confirme sa vocation de terre d'accueil. Y affluent des Italiens antifascistes, Juifs, anarchistes, communistes, puis des milliers d'Espagnols qui fuient leur pays après la victoire des troupes franquistes, lors de la *Retirada* de 1939.

En proie au contrôle tatillon des autorités politiques, les réfugiés espagnols bénéficient de la solidarité de nombreux militants de gauche : la Fédération Socialiste de Haute-Garonne affrète des camions pour assurer le ravitaillement à la frontière des Pyrénées, et ramener des civils en France. Les républicains espagnols verront dans la Seconde Guerre mondiale une occasion de revanche, qui motivera leur engagement dans l'armée.

Vente d'escargots lors d'une fête populaire organisée, au parc des expositions de Toulouse, par les réfugiés républicains espagnols. Sur le comptoir, une scène de marionnettes simule la pendaison de Franco par la République.

Après la chute de Barcelone, en janvier 1939, 260 000 soldats et 230 000 civils émigrent vers la France. Toulouse en accueille quelque 100 000 et devient capitale de l'Espagne républicaine. Quelque 25 000 d'entre eux renonceront à retourner au pays.

Carte d'identité d'étranger où a été apposée la mention « Juif ». MR.

La Luftwaffe à Montaudran

Après la débâcle, Toulouse devient le centre d'une zone « non occupée » qui subit de plein fouet les problèmes de ravitaillement et de logement posés par l'afflux de réfugiés. Forte d'un statut qui lui donne une nouvelle importance, la ville réserve, le 7 novembre 1940, un très bon accueil au maréchal Pétain, auquel l'Académie des Jeux floraux décerne le titre de « protecteur ». La population, fidèle au régime en place, est surtout absorbée par les difficultés quotidiennes nées de la guerre.

Mais à partir de novembre 1942, quelques mois après la courageuse lettre pastorale de Mgr Saliège s'indignant sur le sort réservé aux Juifs, les Toulousains connaissent la rigueur de l'occupation directe :

« Je me mis à "voir" la pièce dans laquelle on m'avait interrogé, et que je croyais n'avoir pas regardée. Au mur, au-dessus d'un classeur, il y avait une publicité Pernod Pontarlier accrochée jadis à tous les cafés. Des insectes couraient. L'homme attaché que le tortionnaire de droite soulevait à coups de botte était blond, et ensanglanté. Les traits de mon interrogateur frisé — yeux rapprochés, petit nez, petite bouche — s'inscrivaient dans un cercle beaucoup plus petit que sa face. »

Malraux,
Antimémoires, *1967.*

Malraux était en détention à la prison Saint-Michel à la Libération.

Les chars allemands à Toulouse devant le monument aux combattants, le 11 novembre 1942. MR.

exactions commises par l'armée allemande, création de la milice, qui commandite le meurtre de Maurice Sarraut, instauration du Service du Travail Obligatoire.
La présence allemande pèse de tout son poids sur l'économie toulousaine : 73 usines ou ateliers doivent consacrer 70 % de leur production à l'occupant. Parmi elles, l'usine Bréguet de Montaudran où la silhouette des avions de la Luftwaffe se profile près des jardins ouvriers d'un autre temps.

Bombardement des usines aéronautiques de Saint-Martin-du-Touch, le 2 mai 1944. MR.

© Germaine Chaumel

Jo Bouillon et son orchestre sont aux Variétés à partir du 10 avril 1944.

François Verdier, fédérateur régional de « Mouvements Unis de la Résistance » (M.U.R.), nommé commissaire de la République par le général de Gaulle, est arrêté par la Gestapo dans la nuit du 13 au 14 décembre 1943, lors de l'« Opération de minuit » qui démantèle les M.U.R. dans la région toulousaine. Il est torturé puis sauvagement assassiné, le 27 janvier 1944, par la Gestapo dans la forêt de Bouconne. MR.

Des hommes à la forte personnalité mettent vite en place la Résistance. Parmi eux, les universitaires Daniel Faucher et Raymond Naves — que rejoignent le sociologue Raymond Aron et les philosophes Canguilhem et Jankélévitch —, l'ethnologue Jean Cassou, l'instituteur franc-maçon Jean Chaubet, le libraire italien Silvio Trentin... Les réseaux Alliance, Françoise, Brutus tissent leur toile sur le département. Les bombardements alliés visent la poudrerie et les usines d'aviation ; les sabotages minent aussi les usines métallurgiques et chimiques. Les réseaux de la MOI, formée de réfugiés juifs ou communistes de l'est, mènent une action directe spectaculaire. À l'été 44, les maquis se multiplient du nord au sud du département. La région pyrénéenne est libérée au prix de combats acharnés. Ce sera chose faite pour Toulouse, le 19 août, sous l'égide du commissaire de la République Jean Cassou, auquel succède Pierre Bertaux. Le Capitole retrouve un socialiste, le professeur Raymond Badiou, qui avait remplacé à la présidence du Comité local de libération Raymond Naves, mort en déportation à Auschwitz.

Commerçant toulousain, Achille Viadieu entre au P.P.F. de Doriot et au RNP. de Déat. Il grimpe les échelons de l'organisme de collaboration : il devient chef régional R.N.P, ce qui lui vaut d'être en relation étroite avec la police allemande. Il préviendra nombre de Résistants des opérations préparées contre eux. Démasqué, il est pris dans une fusillade à Toulouse, le 2 juin 1944, et abattu dans la rue qui porte son nom. MR.

Le commandant « Philippe » (Zeef Gottesmann) assure le commandement de la 35ᵉ brigade (M.O.I.) à la Libération. En étroite collaboration avec les guérilleros espagnols et les F.T.P., il livre des combats à Toulouse et y laisse la vie (le n°10 de la place du Parlement rappelle aux passants le sacrifice d'un de ces combattants de la Liberté). MR.

ICI EST TOMBÉ
GOTTESMANN ZEEF
(Cᵗ PHILIPPE)
HÉROS DE LA LIBÉRATION

19 août 1944 : place Wilson, on déchiquète l'Aigle à croix gammée qui régnait sur le « Soldatenheim ».

20 août 1944, place du Capitole : la foule salue du V de la victoire les autorités de la Résistance, parmi lesquelles Pierre Bertaux, commissaire de la République, désigné par le général de Gaulle.
AMT.

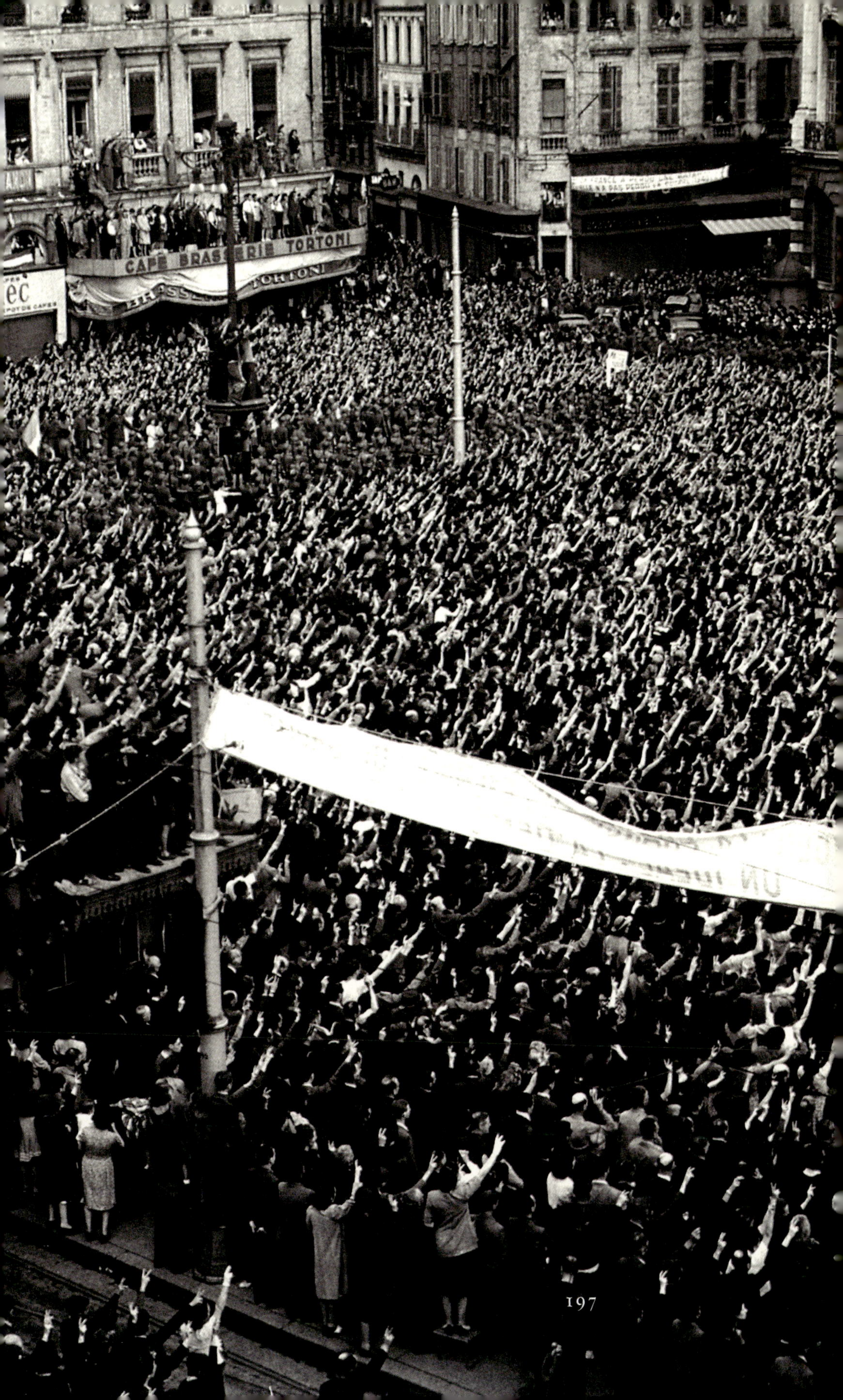
CAFÉ BRASSERIE TORTONI
TORTONI

© Jean Dieuzaide

Acheminement d'un fuselage de Caravelle *vers le CEAT, centre d'essai. Le premier vol de cet appareil révolutionnaire, dont les réacteurs sont pratiquement collés contre le fuselage, près de l'empennage, a lieu le 27 mai 1955.*

DE LA VILLE À LA MÉTROPOLE
de 1945 à nos jours

Le visage de Toulouse telle que nous la connaissons aujourd'hui se dessine réellement après la Deuxième Guerre mondiale. La ville va rapidement s'affirmer comme la capitale de l'aéronautique et de l'espace, en France puis en Europe.

Les avionneurs tirent vite profit du centre d'essais en vol du grand aéroport de Blagnac, né d'un projet d'avant-guerre et inauguré le 12 juin 1953. Le prototype du premier grand avion de transport de passagers, l'*Armagnac*, est victime d'un accident à Blagnac, le 30 juin 1950, et l'appareil est mis à la ferraille dès 1958. Mais après cet échec retentissant, les succès s'enchaînent : succès commercial de la *Caravelle*, conçue dans les ateliers de Sud-Aviation, qui assure les liaisons d'une trentaine de compagnies aériennes à travers le monde à partir de 1959 ; succès technique du *Concorde* qui élève son élégante silhouette d'oiseau au-dessus de Toulouse lors de son premier vol inaugural, le 2 mars 1969.

Cofinancé par la France et le Royaume-Uni, le supersonique souffrira d'un coût d'exploitation élevé et de l'accueil glacial que lui réservent les Américains. Produit à seize exemplaires, le Concorde exécute son dernier vol New York-Paris le 31 mai 2003. Entre temps, en 1969, est né le projet Airbus, basé sur un partenariat européen, qui s'avèrera une véritable manne pour la ville.

De l'usine Bréguet installée à Colomiers, rachetée par Dassault, sortent des avions de guerre : *Mirage*, *Étendard*, *Jaguar*, *Alpha-Jet*, puis un avion privé, le *Falcon*. Le groupe cèdera ses locaux à l'Aérospatiale en 1989. Autour de ces géants de l'industrie aéronautique gravite un grand nombre d'ateliers de sous-traitance parmi lesquels la mythique entreprise Latécoère et les fameux artificiers Ruggieri qui se tournent vers les systèmes de propulsion.

Grâce à la politique décentralisatrice de l'État, Toulouse devient la terre de prédilection des écoles et des institutions de recherche dans

Prototype en bois du Concorde *(1966).*

*80 ans à peine après le saut de puce de l'*Éole*, naît un avion capable de transporter 100 passagers au-dessus de l'Atlantique à plus de 2 000 km/h... Ce bel oiseau s'envole le 2 mars 1969 de la piste de Toulouse-Blagnac. Sans* Concorde*, l'airbus ne se serait sans doute pas imposé aussi brillamment sur le marché mondial.*

© Jean Dieuzaide

le domaine aéronautique et spatial. L'ENICA (École Nationale des Ingénieurs de Construction Aéronautique) s'installe à Jolimont en 1961 sous la protection insolite des museaux de bovins en pierre de l'architecte Jaussely (ses bâtiments devaient accueillir l'École vétérinaire). Suivent en 1968 dans la zone de Lespinet, à côté de Montaudran, Sup'Aéro, l'École Nationale d'Aviation Civile (ENAC) pour la formation des pilotes de ligne et des contrôleurs aériens, et enfin le Centre National d'Études Spatiales (CNES). Ce dernier emploie près de 2 000 ingénieurs et techniciens hautement qualifiés pour « mettre sur orbite » la fusée Ariane.

Toulouse pousse ses murs

Selon ses propres mots, Louis Bazerque, arrivé au Capitole en 1958 après la démission de Raymond Badiou, veut passer du « Toulouse de la Renaissance à la renaissance de Toulouse »...

Devenue en 1963 une des huit métropoles d'équilibre définies par l'État, la ville étouffe alors dans son corset de briques : la crise du logement d'après-guerre a fait surgir de grands immeubles (Empalot, Jolimont, Saint-Cyprien) rivalisant de hauteur, et de laideur. Déjà grossie par l'exode rural, le retour des rapatriés

Vue aérienne du quartier d'Empalot.

Empalot fait partie, avec Bagatelle, des premiers grands ensembles d'habitat collectif de la ville. Puis, pour éviter les maux engendrés par ces ensembles, l'idée s'impose d'une opération d'urbanisme exemplaire, « un grand ensemble qui finirait bien », susceptible d'acueillir 100 000 habitants : telle est l'ambition des promoteurs du Mirail sur les 700 ha de la ZUP (Zone à Urbaniser en Priorité) créée quelques années plus tard.

d'Algérie et l'arrivée de nombreux ressortissants d'Afrique du Nord, Toulouse doit faire face à une demande de logements qu'accroît le nouveau rôle qui lui est assigné.

L'idée de créer une ville nouvelle au Mirail voit alors le jour. Près de 700 hectares sont réservés à ce projet destiné à accueillir 100 000 habitants (en fait 40 000) à huit kilomètres au sud-ouest du centre-ville. On sollicite le concours d'architectes de renommée internationale, comme le Grec Georges Candilis, disciple de Le Corbusier, pour aménager cet espace nouveau. Mais cet ambitieux dessein qui, selon son créateur, devait régénérer les liens sociaux et établir une nouvelle citoyenneté, se solde par un demi-échec : Candilis n'applique ses principes originaux que dans deux des cinq quartiers prévus – à Bellefontaine et La Reynerie – , et encore avec de nombreux bémols.

Mai 68 à Toulouse :
Sit-in *rue de Metz.*

En 1973, le Mirail voit arriver la Faculté de lettres qui doit aussi sa structure aérée de pilotis à Candilis. Le quartier bénéficie de la proximité de l'usine d'électronique Motorola puis de la Compagnie Internationale pour l'Informatique (CII) ; en revanche, le projet de Centre régional initialement prévu dans la ville nouvelle restera dans les cartons.

Au sud-est, Rangueil est doté d'une Faculté des sciences et expérimente le premier campus à la française. Le nouveau CHU, ouvert en 1975, permet de désengorger l'hôpital Purpan, et de

« Désormais, nous vivions la fête, le temps des miracles, le pouvoir libérateur de la parole... Du pavé néolithique, on passait à la démocratie athénienne, les esclaves en moins, mais des milliers d'agoras en plus ! Après avoir chassé la nuit, vaincu la "force", on allait changer la vie, vivre enfin, libres, égaux, fraternels, heureux... »

Jacques-Arnaud Penent,
Un Printemps rouge et noir.

Réalisé à partir de 1889 en architecture métallique selon le modèle parisien donné par Baltard, le marché couvert des Carmes est détruit implacablement, fin 1963.

mieux gérer les urgences du SAMU (Service d'Aide Médicale d'Urgence), créé en 1968 par le professeur anesthésiste Louis Lareng.

Le centre-ville connaît à son tour de sérieux réaménagements : les dernières maisons du vieux quartier Saint-Georges tombent au printemps 1973 pour céder la place à un nouveau complexe de béton, de verre teinté et de brique organisé autour de la place Occitane. Les parkings aériens ou souterrains sonnent le glas des halles métalliques de Victor-Hugo et des Carmes, alors que le précieux sous-sol de la place du Capitole abandonne ses richesses archéologiques au pic des démolisseurs en 1971. La destruction brutale de la *Porta Arietis* (la porte nord de la cité romaine) suscite un véritable tollé chez les historiens toulousains.

La volonté modernisatrice de Louis Bazerque n'a cure de la loi Malraux de 1962 sur les secteurs sauvegardés : la maison d'Urbain Vitry, sur les allées Jean-Jaurès et la maison modèle de Virebent, boulevard Carnot, sont rasées sans ménagements. Certains projets frisent l'hérésie, comme le bétonnage, prévu mais heureusement jamais réalisé, du canal du Midi pour y ouvrir une voie de circulation.

L'entreprenante politique d'expansion du maire ne prend guère en compte l'environnement des habitants de la ville. Ceci explique, en partie, la défaite de Bazerque aux élections municipales de 1971 face à son premier adjoint Pierre Baudis, qui inaugure une longue succession de mandats de droite.

Les néo-Toulousains arrivent

En 2005, Toulouse fait figure de véritable métropole. Les banlieues étendent leur interminable tapis de maisons individuelles autour de la ville, mais la cité ne perd pas d'habitants, bien au contraire. Elle en compte à ce jour 427 000, soit une augmentation de 30 % en cinq ans, plus forte croissance enregistrée dans les villes françaises au cours de ces dernières années. Elle se situe au quatrième rang national après Paris, Marseille et Lyon.

Accueil triomphal, place du Capitole, du Stade toulousain, maintes fois champion de France.

À l'exemple des habitants de Saint-Georges, nombre de Toulousains modestes ont déserté le centre dont les vieux quartiers, préservés bec et ongles par diverses associations, font le ravissement des cadres aisés. Après l'opération esthétiquement contestable du quartier Compans-Caffarelli, construit au début des années 1980 sur le site des anciennes casernes, les grands projets pour le centre-ville ont visé récemment le quartier Marengo.

La « grande arche » conçue par l'architecte Jean-Pierre Buffi avec le cabinet toulousain *Séquences*, enjambe l'axe formé par les allées Jean-Jaurès et l'avenue Georges-Pompidou. Sa façade habillée de pare-soleils mobiles abrite la médiathèque José-Cabanis ouverte en mai 2004, et les nouveaux locaux de la chaîne d'information locale TLT.

Les faubourgs accueillent en revanche la plupart des logements sociaux de l'agglomération. Boudé par les classes moyennes auxquelles il était destiné, le Mirail concentre en 2005 un grand nombre d'immigrés, et enregistre les plus forts taux de chômage et d'illettrisme. Le quartier est devenu ghetto, une image que s'emploie à casser le Grand Projet de Ville — démolition de la dalle de Bellefontaine et de barres d'immeubles, construction d'ensembles plus petits.

Le Mirail a payé un lourd tribut lors de l'explosion de l'usine chimique AZF (ancien ONIA) le 21 septembre 2001. Cette catastrophe a fait trente morts, plusieurs milliers de blessés et occasionné d'impressionnants dégâts.

Le traumatisme causé par ce véritable drame est loin d'être effacé. De nombreux Toulousains souffrent encore de pertes auditives, d'acouphènes, ou de problèmes psychologiques. Les experts judiciaires privilégient la thèse d'un accident chimique, lié au mélange malencontreux de nitrate d'ammonium avec un produit chloré, du fait de négligences dans le fonctionnement de l'usine. Mais quatre ans plus tard, on ne connaît toujours pas l'origine de la catastrophe et aucune explication convaincante n'a été apportée. Cette tragédie a aussi montré, bien tardivement, les dangers encourus à construire à proximité des établissements à risques et souligné la nécessité de mener une politique d'expansion urbaine moins anarchique.

Le métro tout automatique, en service depuis 1993, établit un lien dans cette ville éclatée et sort le Mirail de son isolement. La première ligne nord-est / sud-ouest, très fréquentée par les Toulousains, doit être doublée en 2007 par un second axe nord-sud.

Non seulement la ville, mais les habitants eux-mêmes ont changé. Les néo-Toulousains sont de plus en plus nombreux, originaires du Bassin parisien, d'Afrique du Nord, d'Allemagne et de Grande-Bretagne. Sur les marchés du centre, on entend parler « toulousain », sur ceux du Mirail les langues arabe et africaines, dans les banlieues ouest, fiefs des employés de l'aéronautique, anglais et allemand. La grand messe du rugby sert de lien entre vieux et nouveaux Toulousains, vibrant aux exploits du Stade, que l'on acclame aux Sept-Deniers, au Stadium, ou dans des cafés à la chaude ambiance.

Dégâts occasionnés par l'explosion d'AZF. En 1924, le gouvernement français décide de créer l'ONIA (Office National de l'Azote) pour exploiter un brevet allemand reçu au titre des dommages de guerre. Il s'agit de fabriquer des produits nitrés (engrais ou explosifs, selon la conjoncture), à partir de l'azote atmosphérique. L'usine devient rapidement le plus grand employeur de la ville, avec près de 3 000 salariés à la veille de la Seconde Guerre mondiale. Les années 60 marquent le début de sérieuses difficultés. Après maintes restructurations, l'ONIA devient AZF (Azote et Fertilisants) et ne compte plus qu'un millier de personnes. Jusqu'à la catastrophe de 2001, dont l'origine reste toujours inexpliquée.

Suite à son premier vol le 27 avril 2005, l'A 380 atterrit sur la piste de Toulouse-Blagnac.

L'A 380 COMME ÉTENDARD

Toulouse s'affirme plus que jamais comme une technopole. Cette « cité de l'espace » s'affiche au firmament de l'Europe. Le CNES, lié au programme spatial européen, déploie ses activités dans la recherche et le développement des satellites civils et militaires, et participe au programme d'exploration de Mars. Analysées par Spot Image, les informations de ces « argus » de l'espace sont exploitées à des fins cartographiques, militaires ou environnementales. Alcatel Espace ou Astrium s'inscrivent aussi dans la nébuleuse d'entreprises qui vivent de l'espace.

Cette vocation de capitale de l'aéronautique et de l'espace est confirmée par la création du Pôle Aéronautique, Espace, Systèmes Embarqués,

un des six pôles nationaux de compétitivité, ainsi que par la désignation de Toulouse comme siège du programme *Galileo*.

L'avenir de l'agglomération est en grande partie accroché aux ailes d'un impressionnant avion : l'A380, assemblé dans le gigantesque hall de l'AéroconStellation, au nord de l'aéroport Toulouse-Blagnac. La mise en service du nouveau-né de la famille Airbus est prévue courant 2006. L'A380 sera alors le plus gros avion commercial en circulation du monde avec une capacité allant de 550 à 800 passagers selon ses différentes versions. L'économie toulousaine accorde aussi une large place aux technologies de pointe (Motorola, Siemens, Thales, Alcatel) et aux biotechnologies (implantation d'un Cancéropole sur le site d'AZF).

Dans quelques années, il sera possible, avec le système de radionavigation par satellite Galileo, *iniative lancée par l'Union européenne et l'Agence Spatiale Européenne (ESA), de connaître sa position exacte dans l'espace et le temps. La mise en service de cette constellation de trente satellites est fixée à l'horizon de 2008.*

© ESA

Situé sur le rempart gallo-romain dont on peut voir un vestige au sous-sol, le Théâtre de la Cité (architecte Alain Serfati) a conservé la façade de l'ancien conservatoire de 1866.

Cette ville des industries de pointe, deuxième centre universitaire de France, conserve de solides traditions culturelles. Le théâtre du Capitole reste le temple du *bel canto*, tandis que la Halle aux Grains fait bénéficier de son exceptionnelle acoustique les grandes formations classiques. Les porte-drapeaux de la ville sont nombreux et talentueux. Michel Plasson a porté par delà les frontières la renommée de l'orchestre national du Capitole. Claude Nougaro a été le chantre inspiré de la Ville rose pour laquelle il a composé un véritable hymne d'amour, *Ô Toulouse*. À la poésie tendre de l'enfant des Minimes ont succédé les chansons engagées de Zebda ou le rap occitanisé des Fabulous Trobadors, du quartier Arnaud-Bernard. Entré à l'Académie française en 1990, l'écrivain José Cabanis, qui a donné son nom à la Médiathèque, a campé sa ville en toile de fond de *la Bataille de Toulouse*, prix Renaudot 1966. Jean Dieuzaide a mis son inspiration de photographe au service de la cité et des acteurs anonymes de son histoire ; il a aussi ouvert la sensibilité des Toulousains à cette nouvelle forme d'art grâce aux expositions organisées dès 1974 à la galerie du Château-d'Eau.

Le théâtre, attaché aux noms de Daniel Sorano et Maurice Sarrazin qui lui donnèrent un grand renom après la Libération avec le Grenier de Toulouse, connaît un renouveau grâce à l'ouverture en 1998 du Théâtre National de Toulouse-Théâtre de la Cité, tout près de la place Wilson.

La « vélorution » à Toulouse : manifestation de l'association Vélo, *à cheval sur un mode de circulation non polluant, et plus adapté aux venelles du centre-ville.*

Les anciens abattoirs d'Urbain Vitry accueillent désormais l'Espace d'art moderne et contemporain, la cinémathèque, rue du Taur, a investi l'ancienne chapelle du collège de l'Esquile, et la fondation du mécène argentin Bemberg laisse admirer sa collection de peintures à l'Hôtel d'Assézat.

Forte de son bel avenir, la ville est encore rattrapée par son glorieux passé : le Château Narbonnais, siège du pouvoir comtal, dévoile aujourd'hui une partie de ses secrets grâce à la mise au jour de de vestiges importants dans l'ancienne cité. Cette découverte exceptionnelle confirme le rôle historique majeur de Toulouse depuis ses origines qui remontent aux derniers siècles de l'indépendance de la Gaule celtique...

Consécutive à la démolition de l'aile sud de l'ancien palais de justice, la fouille archéologique conduite par une équipe de l'INRAP a mis au jour, en 2005, d'importants vestiges du Château Narbonnais. Si les données historiques permettaient jusque-là de situer à cet emplacement la fameuse résidence des comtes de Toulouse, le récit de sa destruction dans les années 1550 laissait peu d'espoir de retrouver des traces significatives. Or c'est la quasi totalité de la façade sud et son angle oriental qui nous sont aujourd'hui révélés. Ce mur en briques de 2,40 m de largeur, unique dans l'architecture militaire médiévale, donne la mesure de l'ampleur du château.

INDEX

SOURCES BIBLIOGRAPHIQUES

Ouvrages généraux

Nicolas Bertrand, *Les gestes des Tolosains et d'autres nations des environs*, Toulouse, 1555.
Henri Ramet, *Histoire de Toulouse*, 1935 (le Pérégrinateur éditeur, 1994).
Robert Mesuret, *Évocation du vieux Toulouse*, Minuit, 1960 (Ombres, 1987).
Philippe Wolff dir., *Histoire de Toulouse*, Privat, 1974.
Pierre de Gorsse, *Les Grandes heures de Toulouse*, Perrin, 1978.
Philippe Wolff dir., *Les Toulousains dans l'Histoire,* Privat, 1974 (1988).
Quitterie et Daniel Cazes, *Connaître Toulouse*, Sud-Ouest, 1990.
Jean Rocacher, *Découvrir Toulouse*, 10 fascicules, Privat, 1986-1987.
Pierre Saliès, *Dictionnaire des rues de Toulouse,* Milan, 1989.
Michel Taillefer dir., *Nouvelle histoire de Toulouse*, Privat, 2002.

Ouvrages particuliers

Henri Gilles, *Les coutumes de Toulouse (1286) et leur premier commentaire (1296)*, CNRS, 1969.
Pierre Gérard, *Les Wisigoths dans le Sud-Ouest*, Association Les amis des archives de la Haute-Garonne, Petite bibliothèque n° 75.
Jacques Godechot, *La Révolution française dans le Midi toulousain*, Privat, 1986.
Institut français d'architecture, *Toulouse : les délices de l'imitation*, Mardaga, 1987.
Claude Rivals, Roger Camboulives, Georges Angély, *Toulouse d'après les plans anciens*, Jeanne Lafitte, 1988.
Michel Eclache, Christian Peligry, Jean Penent, *Images et fastes des capitouls de Toulouse*, Mairie de Toulouse, 1990.
Christian Cau, *Les capitouls de Toulouse,* Privat, 1990.
Herwig Wolfram, *Histoire des Goths*, texte traduit de l'anglais par Frank Straschitz et Josie Mély, Albin Michel, 1990.
Maurice Prin, Jean Rocacher, *Le Château Narbonnais. Le Parlement et le Palais de justice de Toulouse,* Privat, 1991.
Cinq siècles de justice à Toulouse (collectif), ADHG / cour d'appel de Toulouse, 1994.
Guilhem de Puylaurens - Chronique, texte traduit du latin et présenté par Jean Duvernoy, Le Pérégrinateur, 1996.
Jacques Frexinos, *Les hôpitaux de Toulouse. Mille ans d'histoire*, Privat, 1997.
Le Dossier de Montségur, texte traduit du latin et présenté par Jean Duvernoy, Le Pérégrinateur, 1998.
Daniel Cazes, *Le Musée Saint-Raymond, musée de antiques de Toulouse*, musée Saint-Raymond & Somogy, 1999.
Anne Brenon, *La croisade contre les albigeois,* coll. *l'esprit curieux,* Le Pérégrinateur, 1999.
Le Procès de Bernard Délicieux, texte traduit du latin et présenté par Jean Duvernoy, Le Pérégrinateur, 2000.
Quitterie Cazes, *Saint-Pierre-des-Cuisines*, musée Saint-Raymond, 2000.
Le Patrimoine des communes de Haute-Garonne (collectif), Flohic, 2000.
Jean-Marie Pailler dir., *Tolosa, Nouvelles recherches sur Toulouse et son territoire dans l'Antiquité,* coll. École française de Rome, 2002.
Toulouse impériale (1804 - 1814), catalogue d'exposition, AMT, 2004.
Toulouse, parcelles de mémoire, 2 000 ans d'histoire urbaine au regard de huit siècles d'archives municipales, catalogue d'exposition (5 déc. 2005 - 6 mars 2006).

Source des extraits des textes

Joseph Kessel, *Vent de sable*, Gallimard, 1929.
Saint Jérôme, *Lettres,* texte établi et traduit du latin par Jérôme Labourt, Les Belles Lettres, 1951.
Philippe Wolff, *Commerce et marchands de Toulouse (vers 1350-vers 1450)*, Fayard, 1954.
Gilles Caster, *Le commerce du pastel et de l'épicerie à Toulouse (1450-1561),* Privat, 1955.
M. Reinaud, *Invasions des Sarrasins en France*, éd. Orient, 1964 (réimpression de l'édition de 1836).
Malraux, *Antimémoires,* Gallimard, 1967.
Sidoine Apollinaire, *Lettres*, texte établi et traduit du latin par André Loyen, Les Belles Lettres, 1970.
Raymond Abellio, *Ma Dernière mémoire. Un faubourg de Toulouse. 1907-1927*, Gallimard, 1971.
Marcel Durliat, *Haut-Languedoc roman*, Zodiaque, 1978.
Strabon, *Géographie* (II, III - IV), texte établi et traduit du grec par F. Lasserre, Les Belles Lettres, 2003.
Grégoire de Tours, *Histoire des Francs*, texte établi et traduit du latin par R. Latouche, Les Belles Lettres, 1996.
Jacques-Arnaud Penent, *Un Printemps rouge et noir*, cité par Jean-Pierre Le Goff, *Mai 68, l'héritage impossible*, La Découverte, 1998.
Stefan Zweig, *Hommes et destins*, traduit de l'allemand par Hélène Denis-Jeanroy, Belfond, 1999.
Igor Tymaïev, *Carnet de voyage sur le canal des Deux-Mers en 1906*, Loubatières, 1999.
Jean Duvernoy, *Les cathares,* coll. *l'esprit curieux,* Le Pérégrinateur, 1999.
Jérôme Villeminoz, Raimond VII de Toulouse et la paix de Paris (1229-1249), thèse de l'École des Chartes, 2003.
Jordanès, *Histoire de Rome de Romulus à Justinien suivie de L'Histoire des Goths*, texte traduit du latin et présenté par A. Savagner et R. Fougères, éd. Paléo, 2002.
Michel Cotte*, Le canal du Midi, « merveille de l'Europe »*, Belin, 2003.

Table des matières

Achevé d'imprimer en mars 2006 sur les presses de E.G. Zure, S.A.
Dépôt légal : avril 2006